UNA SOLA DISCIPLINA, UN SOLO MENSAJE

JOSÉ RAFAEL HERNÁNDEZ SANTIAGO, OFS, PH.D.

Las 4 C Para Una Disciplina Efectiva
Y Emocionalmente Saludable
Para Niños Y Adolescentes:

COORDINACIÓN, CONGRUENCIA,
CONSISTENCIA Y CONSECUENCIAS

UNA SOLA DISCIPLINA, UN SOLO MENSAJE
Las 4 C para una disciplina efectiva y emocionalmente saludable en niños y adolescentes:
COORDINACIÓN, CONGRUENCIA, CONSISTENCIA Y CONSECUENCIAS

Autor: José Rafael Hernández Santiago, OFS, Ph.D.

ISBN-13:

978-1480283466

ISBN-10:

1480283460

Primera edición: Noviembre, 2012

Copyright©2012—José Rafael Hernández Santiago

Foto del Autor: Colección LaJoMa

Ilustraciones: Publica Tu Libro

Arte y Diseño: Publica Tu Libro

Editor Ejecutivo: M. Pérez-Cotto

Revisión y Estilo: M. T. Hernández Calzada

Grupo Editorial LaJoMa

ed.lajoma@yahoo.com

Puerto Rico

A Los Padres De Mis Nietos:
Kike y Lauri, José Iván y Koralys, Raúl y Mari.

Gracias por darme tres razones,
más las que espero, para este escrito.
A ustedes les dedico esta primera edición.

El gran peligro del cristiano
es predicar y no practicar,
creer pero no vivir
de acuerdo con lo que se cree.

-SAN ANTONIO DE PADUA-

CONTENIDO

COMENTARIO INICIAL

En los años de práctica clínica como Psicólogo, me he topado con muchos padres que traen a sus hijos a mi oficina para tratamiento por diversas razones. Algunas de estas muy válidas clínicamente. Mientras, en otros casos, encontramos la necesidad de atender más a los padres que al mismo niño. Aquí me refiero a que la situación presentada por los padres sobre el niño, muchas veces más de una, requiere trabajar, y a veces con urgencia, con los estilos y valores del adulto sobre lo que es una disciplina efectiva y emocionalmente saludable. Con los mismos afectan, promueven y refuerzan las conductas de las cuales vienen a quejarse. En estos casos la 'bola' está en la cancha de los padres. Son los padres, en cuanto a sus estilos y manejo de la disciplina, los que tienen que cambiar.

Cambiar es un asunto de aprendizaje y de voluntad. No conozco padre alguno al que su niño le haya venido al mundo con un manual como parte del paquete. La experiencia en el manejo del niño se adquiere en el camino a fuerza de ensayo y error, y muchas veces acompañado de lágrimas. Entiendo que todo se complica cuando hay más de un niño en el hogar, pues no hay dos hijos iguales. Cada uno requeriría de un manual diferente. Lo difícil aquí para lograr un cambio en los estilos y creencias de los padres sobre lo que es una disciplina efectiva y emocionalmente saludable es que esto en muchas ocasiones y como sugerido anteriormente, viene atado fuertemente a los valores y a las relaciones personales, a veces nada saludables, entre los mismos padres.

Es precisamente el propósito de este escrito ayudar al padre/madre, abuela/abuelo, tía/tío, madrina/padrino, maestra/maestro, y a toda persona a cargo de niños, a crear conciencia sobre la importancia de ofrecer al niño una sola disciplina, un solo mensaje, para una disciplina efectiva y emocionalmente saludable. Está igualmente dirigido a asistir a los Orientadores/as y Trabajadores/as Sociales en su trabajo con los padres.

Para esto les propongo primero una aseveración diferente pero no nueva sobre lo que es lo primero en el hogar. Quiero estimular la reflexión llamándoles la atención sobre el impacto que representan los valores, y el comportamiento de los padres como pareja en la crianza de los niños. Seguidamente, como nos estamos refiriendo a la disciplina de los niños, les expongo a una noción clave sobre lo que se constituiría como una disciplina maltratante y negligente, y su efecto devastador sobre el niño.

Dado lo anterior me remito entonces a repetir unas guías o normas positivas facilitadas a los padres que me han servido a lo largo de mi experiencia clínica. Son recomendaciones que de seguirse aumentan la efectividad en la disciplina y hacen de esta una más saludable. Lo expongo de manera que sea claro, de fácil entendimiento y lo acompaño con ejemplos cuando necesario. A estas pautas las llamo:

'Las 4C para una disciplina efectiva
y emocionalmente saludable:

Coordinación, Congruencia,
Consistencia y Consecuencias'.

Seguido a esto, continuamos con un resumen sobre el tema de moda, el "bullying". Terminamos entonces, con una serie de observaciones conductuales que nos pueden alertar sobre diversas y posibles situaciones de salud mental con las cuales nos podríamos encontrar con los niños, y asistirnos en buscar la ayuda requerida de un Psicólogo u otro profesional de la salud mental.

La mera lectura de lo ofrecido aquí no te hará un/a experto/a en los temas discutidos. No es el manual que tanto esperabas cuando diste a luz a tu primer hijo, o cuando esperabas a los otros. Tampoco lo escrito fue con el propósito de ser un libro de texto. Fue hecho con el solo propósito de compartir experiencias de una manera informal y clara. No olvides que nada sustituye a la debida orientación y evaluación diagnóstica que únicamente te pueden ofrecer profesionales debidamente especializados y cualificados. En fin, esto es un llamado a los padres, y a otros, a trabajar en conjunto. Es un llamado a no crearle situaciones negativas al niño, ofreciéndole en su lugar una sola disciplina, un solo mensaje, todo por su bienestar físico, social y emocional.

Una vez terminada la lectura, sé que habrás reflexionado en el proceso e iniciado cambios necesarios en tu vida. Esto es, cambios en tu relación y comunicación de pareja, como modificaciones a tus valores y a la manera de pasar esos valores a tus niños. Y por supuesto, todo lo bueno de esto se reflejará en los niños.

Gracias por tu interés y honestidad en intentar comprender y ajustar a tu situación particular lo aquí expuesto. Tu pareja y niños te lo agradecen.

" . . . por institución divina, la familia es el alma de la vida y del desarrollo de la entera sociedad."
Concilio Vaticano II
Constitución Pastoral "Gaudium et spes"
7-XII-1965, n.52.

EL MATRIMONIO ES LO PRIMERO, NO LOS NIÑOS

Se habla hasta la saciedad, más aún, se tiene como prácticamente un artículo de fe, el que los niños son primero. Que todo debe girar alrededor de ellos. Que la pareja, el matrimonio, es algo secundario. Que su bien depende de políticas públicas dirigidas a atenderlos, a protegerlos, etcétera. Políticos han construido sobre esta aseveración su carrera, y hasta lo han hecho el caballito emblemático de su cuatrienio en el poder. Por supuesto, con resultados incompletos, mixtos y muy cuestionables.

Lo Primero Es Lo Primero,
El Matrimonio Es Primero.

Aunque jamás me opondría a ninguna política pública o ley dirigida al bienestar y protección del niño, no estoy de acuerdo con el pensar generalizado de que el niño es lo primero. Creo que lo primero es lo primero, el matrimonio es primero. Esto no es un asunto de qué vino primero, el huevo o la gallina. El matrimonio es una cosa y los niños es otra. Si quieren tomar el camino Bíblico, Dios creó primero al hombre y a la mujer -- después vinieron los descendientes -- no al revés.

El niño no pide venir al mundo. Sea por una relación de amor legítima de matrimonio, sea por un acto meramente de placer de una noche, o por una relación fuera del matrimonio prolongada consentida, todo comienza con el acto de dos adultos. No hay niños sin padres. Para mí, la aseveración correcta es que los padres, representados por la calidad de su conducta, valores y relación entre sí, son lo primero, no los niños. Igualmente, aplica a la conducta y calidad de la relación entre los abuelos, que al ser familia fungen como padres.

En la situación ideal, padre y madre como matrimonio, viviendo juntos al niño, forman el núcleo de lo que conocemos como familia. El timón y responsabilidad de cada familia le pertenece al matrimonio, a ambos padres por igual, no a uno más que al otro. El matrimonio no es un asunto de poder, es un asunto de iguales.

Lo que se da y como se da la vivencia familiar es lo que forma al niño. Los niños son el reflejo de los valores, la conducta y relación entre sus padres.

La familia es la base de la sociedad, pero el matrimonio formado por los padres es el pilar. Es de los padres de quien el niño adquiere sus valores y su interpretación social del mundo. El niño aprende de sus padres lo que es correcto y lo que no lo es según la calidad de la conducta individual de cada cual, sus valores como personas y matrimonio, y la relación existente entre ambos. Esto es, lo que se da y como se da la vivencia familiar es lo que forma al niño. Los niños son el reflejo de los valores, la conducta y relación entre sus padres. Son los padres los que establecen la calidad del ambiente familiar como es también de ellos de quien depende la salud física, mental-emocional y social del niño.

Es en esa familia guiada por ambos padres donde debe darse las condiciones de calidad, para que el niño aprenda y viva los más altos valores. De la calidad de la conducta y relación de los padres como matrimonio, casados o no, el niño aprende lo que es paz, fidelidad y respeto a la vida como preámbulo a un mundo renovado. De ellos el niño siente la paz y el bien que solo el aprender y experimentar la presencia de Dios en el hogar le puede dar.

Los valores se dan a entender
con el ejemplo.

De la calidad de la conducta y relación entre sus padres el niño experimenta y aprende a amar... igual que aprende a enajenarse. De sus padres aprende de comunicación y de relaciones interpersonales efectivas y afectivas. Ambos conforman la primera línea de apoyo emocional y físico, construyen su auto imagen y fortalecen o destruyen su estima. De su relación el niño aprende a construir incesantemente la paz cuando buscan la unidad mediante el dialogo, comprensión y perdón. Es de la relación matrimonial donde aprende de respeto mutuo y de dignidad. Es de ella que aprende a ser solidario con el más necesitado y a decir presente en la promoción de la justicia. Igualmente aprende el valor del trabajo y lo que es honestidad. De la vivencia de calidad entre sus padres el niño adquiere el respeto por todas las criaturas, animadas e inanimadas, evitando la explotación.

Tratar de exigirle o prohibirle al niño algo y ustedes como padres hacer lo contrario es darle un mensaje mixto y confuso. Es indispensable ser capaces de crearle al niño expectativas claras y precisas. Los valores, como el respeto, la dignidad, la nobleza, la humildad y otros, se dan a entender con el ejemplo, no es asunto de meramente enseñarlo verbalmente. Lo mismo va, esto es, dar el ejemplo, a la hora de querer enseñar al niño lo que es justicia social o la conciencia de que, a la misma vez que tiene igualdad de oportunidades en la sociedad en la que vive también tiene responsabilidades. Igual, para educarlo en lo que es un comportamiento recto y honesto ustedes como padres tienen que asumir el compromiso de exponerlo a vivir una experiencia recta y honesta entre ustedes. Y si desean fomentar la comunicación, háblenle al niño, pero sobre todo, escúchenlo. Como he insistido, los valores llegan con su ejemplo como padres.

El comportamiento y actitudes de los padres tienen que concordar con el mensaje, esto es, ambos tienen que modelar en todo momento el valor que desean que los hijos imiten. De todo esto pues, se debe entender que el niño, en su presente y futuro, depende de los valores enseñados por sus padres, de su conducta individual y de su relación matrimonial. Aquí es donde inicia todo. Por eso digo que el matrimonio es lo primero, no los niños.

Si los valores y conductas de los padres andan por camino equivocado esto significa que requieren cambiar. La prioridad tiene que ser cuidar de la calidad de la relación. Si la relación del matrimonio es saludable, los niños estarán bien como resultado natural. Lo mismo para lo opuesto, si algo anda mal en el matrimonio entonces sí que hay que preocuparse por los niños. El amor y cariño que le da seguridad y confianza al niño, llega gracias a la estabilidad en las relaciones de los padres lo cual permite una disciplina coordinada, congruente y consistente. Si algo anda mal en la relación entre los padres, el ánimo de ambos se reflejará en estilos y creencias equivocadas sobre lo que es una disciplina efectiva y saludable afectando, promoviendo y reforzando con esto las conductas de los niños de las cuales vienen luego a quejarse.

El comportamiento y actitudes de los padres tienen que concordar con el valor que desean que los hijos imiten.

El otro día estuve conversando con una profesora universitaria retirada sobre nuestra problemática de seguridad pública y terminamos señalando a la falta de la enseñanza y ejemplo correcto de valores en el hogar como culpable de todo. Su propia crianza muy de "enante", su obvia vocación por el magisterio y la sabiduría propia de su edad, me creó conciencia de lo siguiente: 'La base de una sana convivencia y respeto por todos los miembros de la sociedad comienza en casa dando el ejemplo de la actitud que conocemos como *cortesía básica*'.

La cortesía es un valor el cual si reflexionamos honestamente, veremos que cada uno lo hemos perdido en más o menor grado. Defino este valor básico como 'una actitud, disposición o deseo consciente y voluntario a reconocer con la acción la presencia y el valor del otro en toda circunstancia, momento y lugar'. Para mí, este valor incluso representa la semilla de la no violencia y lo propongo aquí como un valor sencillo y concreto por donde comenzar.

Francisco de Asís, hombre singular del siglo XII quien soñó en un momento dado con ser un gran Caballero de la época, dió ejemplo con su vida de que el comportamiento de la cortesía, tan propio de un caballero y de una dama, era una práctica muy cercana a la caridad, al amor. Entiendo que el valor de la cortesía tiene la capacidad de engendrar una cultura de paz y bien en cada uno de nosotros, algo que podríamos pasar a otros. Lo explico de esta forma. La práctica de la cortesía nos crea conciencia del otro. Nos acerca al otro, no nos aleja. Nos hace humildes, generosos, sensibles, tolerantes, misericordiosos, fraternos y solidarios unos con el otro. Si quieres, esto se nos presenta en el Evangelio como amor al prójimo, o sea, al otro.

Lo anterior es así porque contradice el comportamiento actual de burlarnos, denigrar, rechazar, controlar y agredir al prójimo. Es un valor que necesitamos inculcar desde ahora en nuestros niños puesto que liderarán la próxima generación en el ejercicio de los derechos, deberes y responsabilidades de nuestra sociedad. Estoy seguro de que nuestra sociedad sería una muy diferente si todos practicáramos desde ahora un poco en casa y en nuestro entorno inmediato ese valor de la caballerosidad que es la cortesía. Su práctica podría ser el inicio de nuestra pacificación personal, y la de nuestra propia sociedad violenta, pues como nos lo dice la Beata Madre Teresa de Calcuta: "La paz y la guerra empiezan en el hogar".

Hay ciertas palabras que representan lo que es el valor de la cortesía básica. Son las mismas, y más, que debemos inculcar en nuestros niños. Algunas de ellas son tan simples como: por favor, gracias y de nada; con permiso, excúseme, pase usted, usted primero; perdona, discúlpame, lo siento y excúsame; como no, adelante, con mucho gusto; déjeme ayudarle; buen provecho; usted, don/doña; buenos días/tardes/noches; y otras que podamos recordar y añadir.

"La cortesía es una actitud, disposición o deseo consciente y voluntario a reconocer con la acción la presencia y el valor del otro en toda circunstancia, momento y lugar."

Y qué tal si ustedes desde ahora dan el ejemplo a su hijo de su cortesía, practicándola consiente y voluntariamente. Que tal si ustedes por cortesía saludan en el elevador a todos los que lo acompañan, conocidos o no; por cortesía no le niegan una sonrisa y saludo a nadie sin importar las circunstancias y el lugar donde estén; por cortesía invitan a su casa y dan algo de comer al que lo requiere, les pida o no; por cortesía dan de su tiempo y escuchan al que lo necesita; por cortesía no se ríen del que tiene menos capacidad intelectual o menos éxito económico; por cortesía no miran insistentemente al que tiene alguna dificultad o defecto físico; por cortesía visitan al familiar o vecino envejeciente que vive sólo en su casa o se encuentra recluido en un Hogar; por cortesía saludan, comparten y ayudan a los vecinos; por cortesía visitan al amigo o vecino hospitalizado; por cortesía insisten en ayudar al otro a cargar o recogerle algún paquete; por cortesía dejan su silla o su turno al de mayor edad que ustedes, a una fémina, especialmente cuando embarazada, o a aquel con algún impedimento; por cortesía recogen su propia basura y asisten en limpiar el reguero dejado por otros; por cortesía no son los últimos en irse de una actividad o fiesta; por cortesía prestan de su tiempo y experiencia como voluntarios/as; por cortesía no ajoran ni le gritan al conductor lento; por cortesía son pacientes en las luces y dejan pasar al transeúnte; por cortesía se estacionan correctamente y solo entre las dos líneas amarillas que le corresponden; por cortesía no luchan por el poder y ceden de buen agrado el paso al otro conductor; por cortesía no tratan de hacerse el ganso, pasarse de listos o buscar ventajas por encima de los otros en cualquier situación; por cortesía no se esconden detrás del aparato electrónico de moda evitando la socialización y el compartir sano en una actividad social o familiar; por cortesía se quedan callados cuando pertinente; por cortesía no molestan al otro comportándose como si lo supieran todo; por cortesía aceptan la opinión del otro aunque no la compartan; por cortesía mantienen la paciencia y la tolerancia ante desavenencias y contratiempos; por cortesía no se prestan para rumores y chismes; por cortesía le abren la puerta del carro a la esposa; por cortesía no se atosigan con quejas del niño tan pronto llegan del trabajo; por cortesía se escuchan mutuamente luego de pasar todo un día afuera o como madre y ama de casa trabajando; etcétera. Sigamos pensando. ¿No les parece que el futuro de nuestros matrimonios y de nuestros hijos pudiera ser diferente si nosotros practicáramos junto a los niños el valor de la cortesía desde ya en casa? ¡El ejemplo arrastra! ¡La paz y el bien reinarían!.

Lo dicho antes, sobre la calidad de la relación en el matrimonio y los valores, es igualmente relevante y aplicable en cuanto a la calidad que debe de darse en la relación entre padres separados o divorciados. Tal como se dice, los padres podrán divorciarse uno del otro, pero no pueden divorciarse de los niños. Sus egoísmos, corajes y guerra por lo económico, los celos y por otras razones no pueden salpicar al niño. No lo pueden usar como informante sobre lo que hace o deja de hacer el otro padre, ni como mensajero para obviar el trato directo. El niño no es un signo de dólar ni un monigote para ser usado como un peón en su juego por el dinero, el control y el desquite por su rencor y coraje contra el otro padre. El niño sigue siendo su hijo con todas las necesidades y fragilidades de un niño. Su discordia, si la tienen, tiene que permanecer como algo privado entre los padres y que el niño no se dé cuenta.

Ambos padres tienen la misma obligación y responsabilidad por presentar siempre ante el niño una relación de la mayor calidad posible. Lo ideal será siempre que esa relación sea una real, no fingida, pues el niño de una forma u otra podría distinguirla con consecuencias no deseadas. Ambos tienen la responsabilidad de presentar un solo frente, hablar un solo lenguaje. Ambos tienen la misma responsabilidad por el bienestar físico, social y emocional del niño.

Lo mismo va cuando nos referimos al padre/madre soltero/a o viudo/a, en cuanto a la calidad esperada en la dirección de su vida personal. La calidad de la relación con aquel o aquella que pudiera llegar a la vida del niño, como padre/madre sustituto/a (padrastro/ madrastra), o, con aquellos como los abuelos que le asisten en la crianza, es igualmente crítico para el futuro del niño. Bien he dicho, los valores, relaciones interpersonales y estilos de vida de los padres y de los otros adultos con autoridad sobre el niño tendrán mucho que ver con los estilos y creencias sobre lo que es una disciplina efectiva y saludable.

Si el matrimonio en sus valores, conducta individual y relación entre sí está bien, el niño estará bien como consecuencia. La calidad de su ejemplo es lo que contará.

Veamos las siguientes dos confirmaciones sobre lo dicho arriba. Para septiembre de 2011 se celebró en la mansión ejecutiva en San Juan la ceremonia de abanderamiento de la delegación de atletas puertorriqueños que habría de participar en los XVI Juegos Panamericanos en Guadalajara a partir del 13 de octubre de 2011. En un contundente mensaje escrito que el atleta abanderado Tingui Vargas delegó para ser leído en su ausencia, por encontrarse fuera del país, y reseñado por el diario El Nuevo Día, Vargas clamó por la unión familiar y se cantó producto de sus padres.

Parte del mensaje leía así, "... decidí que quería que mis padres y mi familia fueran los que reciban la bandera porque quiero que se enfatice la importancia de la crianza de los padres y los familiares en la vida de cada ser humano." Más adelante agregó, "Entiendo que debemos reforzar los valores para aportar un poco a la situación que estamos viviendo en nuestro país. El rol de los padres es primordial en la vida futura de los individuos. Soy ejemplo de eso." Me parece que con estas palabras no hay más que añadir. Felicito a los padres, pues ningún joven puede dar lo que no recibe cuando niño.

En otra ocasión el diario El Nuevo Día en su edición del 19 de enero de 2012, resalta la ética y honestidad de un humilde taxista de San Juan, que habiendo unos turistas extranjeros dejado en su auto una cartera con dinero, chequera, tarjetas e identificaciones, hizo lo indecible por devolverla a su dueña, y lograrlo. Cuando entrevistado el hombre, Ramón Rodríguez Frías, natural de la República Dominicana y radicado en Puerto Rico desde los 17 años, acreditó a sus tíos el haberle dado una crianza basada en valores. Dijo, "Me enseñaron a no poner la mano en lo ajeno, a no abusar de los demás, respetar a los otros y ganarme lo mío con mi trabajo". Como decimos, no hay más con el testigo.

Al principio del semestre escolar en curso, agosto 2012, un grupo de jóvenes de la Parroquia San Antonio de Padua en Rio Piedras, en una dinámica oportuna, ordenó una serie de valores para regir su vida. Me parece el resultado de una discusión y diagnóstico previo sobre el estado actual de su vivencia en el Puerto Rico de hoy. Lo perfecto aquí es que como jóvenes, mirando al futuro, dejaron saber que hay muchos valores más para los padres vivir y enseñar en el hogar. Felicito a estos jóvenes por su valentía, y presento los valores incluidos por ellos: bondad, justicia, igualdad, disciplina, gratitud, gentileza, valentía, alegría, compañía, caridad, solidaridad, tranquilidad, tolerancia, esperanza, libertad, respeto, responsabilidad, humildad, amor, comprensión, y entrega.

Por todo lo dicho y más, asevero que el matrimonio es lo primero, no los niños. Si el matrimonio en sus valores, conducta individual y relación entre sí está bien, el niño/el adolescente estará bien como consecuencia. La calidad de su ejemplo, producto de sus valores, es lo que contará. Palabras con luz. Créanlo.

" . . . los valores que dan
consistencia a la vida humana . . .
se aprenden en la familia."
R. Buttiglione,
'La persona y la familia',
Palabra, Madrid 1998

SOBRE LA VIOLENCIA
Y EL MALTRATO

Ahora bien, no podemos continuar sin antes llamar la atención y aprender un poco sobre este tema de la negligencia y maltrato. Es necesario estar conscientes sobre el mismo como una herramienta más de prevención. Mientras más sensibilidad se tenga sobre el tema, más oportunidad tendrá la pareja de revaluar su relación, valores y criterios para una disciplina efectiva y saludable.

Parte de la exposición de motivos de la Ley Núm. 177 del 1 de agosto de 2003, 'Ley para el bienestar y la protección integral de la niñez,' lee como sigue: "La violencia en las familias es la emergencia social más seria que vive el Puerto Rico de hoy... En muchas ocasiones, el maltrato infantil ocurre en familias donde también se manifiesta violencia hacia otros de sus miembros, principalmente la mujer. La literatura especializada en este tema, revela consistentemente que ambos fenómenos, el maltrato a menores y la

Grave el efecto de la violencia doméstica: los niños aprenden a ser violentos para resolver sus asuntos, tienden a repetir los errores de sus padres, y son más propensos a maltratar luego a sus propios hijos.

violencia en las familias, están interrelacionados."

La exposición de motivos continúa describiendo los efectos devastadores del maltrato a menores y la violencia en las familias. Aprovecho y los enumero:

(1) "Se altera la estabilidad de la institución familiar y todos sus miembros se afectan adversamente con el impacto de la violencia."

(2) "Expuestos a las diferentes manifestaciones de la violencia en la sociedad, así como al maltrato de menores y a la violencia doméstica en sus hogares, los niños y las niñas aprenden que la violencia es una manera aceptable de relacionarse en la familia, de resolver conflictos, de lidiar con las tensiones y de ejercer control sobre otras personas."

(3) "Desde muy temprano en sus vidas, al comenzar a establecer relaciones de amistad y de pareja, adolescentes, jóvenes y adultos, tienden a repetir los patrones de dominación y violencia adquiridos en el hogar y reforzados por la sociedad, convirtiéndose en nuevas víctimas y victimarios de la violencia."

Cualquier hombre, sin importar su profesión, raza y su clase social, puede ser potencialmente un agresor de su pareja y padre maltratante.

(4)"Además, al convertirse en padres y madres las personas que crecieron con violencia en sus hogares, son más propensos a ser adulto maltratante en sus relaciones con sus hijos e hijas, transmitiéndose así la violencia de generación en generación."

Lo dicho hasta aquí refuerza lo que vengo diciendo en el capítulo anterior, de lo importante que es la relación entre los padres para la vida de los niños. Los efectos devastadores del maltrato a menores, y la violencia en las familias como descrito arriba, deja claro el porqué todo padre debe prestarle atención al tema. Creo que amerita una segunda lectura reflexiva.

El maltrato a menores y la violencia en las familias, están interrelacionados.

Por otro lado, cuando hablamos de los padres maltratantes sabemos que estos son personas diversas, que pertenecen a todas las clases sociales y que tienen distintos grados de educación. Algo semejante decimos de la pareja agresora en caso de violencia doméstica. Cualquier hombre, no todos por supuestos, sin importar su profesión, raza y su clase social, puede ser potencialmente un agresor de su pareja. Esto es así cuando nos enseñan a todos y a todas, que las relaciones de pareja están basadas en el poder, en el control. La Ley Núm. 54 del 15 de agosto de 1989, según enmendada, define la violencia doméstica como "El empleo de fuerza física, violencia sicológica, intimidación o persecución contra la pareja con el propósito de causarle daño físico o emocional a su persona, sus seres queridos o sus bienes". Cuando se da un patrón de cualquiera de estas conductas, se define como un delito grave.

El perfil del/la agresor en la violencia doméstica es por lo regular el de una persona que lleva doble vida. Corrientemente, encontramos que su cara ante la sociedad es una de un ser apacible, en control de sí mismo/a, incapaz de matar una mosca, mientras en la intimidad del hogar maltrata implacablemente físicamente o emocionalmente a su esposa/o, novia/o o compañera/o y, en muchas ocasiones, a sus hijos e hijas. El/la agresor más común en nuestra sociedad es el sicológico. Éste/a es el/la que causa daño emocional con su conducta verbal de intimidación a su pareja. Debe quedar claro que el agresor lo mismo puede ser varón que hembra, pobre o rico.

Sabemos además, que la cultura y las tradiciones de cada país influyen en cómo piensa el pueblo sobre el maltrato infantil. Existe todavía, en este Puerto Rico de hoy y en muchos otros países, ideas tales como que los/ as hijos/as pertenecen a los padres, y que ello/as pueden decidir sobre su destino. Algunos sectores de la sociedad, han entendido y tienen el maltrato a menores como parte del modelo familiar de educación/ disciplina. Y más aún, existen quienes argumentan que, un buen castigo a los hijos "desobedientes", es una práctica cultural aceptable. Hay quienes todavía añoran la época cuando un buen 'azote a tiempo' con una varita de guayabo, o arrodillar al niño sobre las puntas de las chapitas de botellas de refresco, eran prácticas de disciplina admitidas. Si esto es así, si como parte de nuestra cultura o como parte de la tradición familiar, tenemos como parte de la rutina diaria prácticas de disciplina maltratante, y las vemos como algo normal, únicamente tomando consciencia sobre ello podremos cambiar esas prácticas y prevenir los efectos no deseados sobre el niño.

Decimos que no existe un perfil típico del padre maltratante. Sin embargo, existen ciertas características que nos permiten descubrirlos como padres en riesgo de tener conductas violentas con sus hijos. La verdad es que la mayoría de las personas que maltratan aprendieron y creen que el castigo y la violencia son formas adecuadas y a veces únicas para educar y aprender. A estos padres maltratantes los escuchamos decir con frecuencia, "es por tu bien". Otros, se justifican ellos mismos diciendo, "a mí me educaron así". Usualmente, estos son padres que han sufrido malas experiencias y falta de afecto en su niñez.

Como dicho, hay padres que verdaderamente creen que los niños les pertenecen, y que tienen un derecho absoluto sobre ellos y sobre su destino. Es frecuente que de estos padres escuchemos alegar algo así como, "debes hacer lo que yo digo, por eso eres mi hijo". También encontramos padres que son incapaces de controlar sus emociones. Estos padres en particular, presentan una baja tolerancia a la frustración y expresiones inadecuadas del coraje. Son los que recurren al grito, denigran o rebajan con sus palabras al niño, y hasta reparten golpes. Vemos además en ellos que carecen de habilidades para la crianza y cuido de niños/as, y se sienten incompetentes e incapaces como padres/madres.

La mayoría de las personas que maltratan aprendieron y creen que el castigo y la violencia son formas adecuadas y a veces únicas para educar y aprender.

Por otro lado, se ha encontrado cierta relación entre la infelicidad, el sentimiento de inadecuación y la baja autoestima de los padres con el maltrato físico. De estos padres en riesgo escuchamos frases como: "actúas así para molestarme", "no tenemos quien nos ayude", "no me siento bien". Sin embargo, no significa que el padre al crear conciencia de todo lo que lo caracteriza, como un padre en riesgo de ser violento y maltratante, no pueda prevenir y corregirse.

La Ley Núm. 177 define los términos que utiliza. Señalo aquí los siguientes entre muchos otros términos también importantes. Los mismos abonan a nuestra discusión motivando a la reflexión para la prevención y el cambio.

Familia – significa dos o más personas vinculadas por relaciones sanguíneas, jurídicas, relaciones de familia o de parentesco que comparten responsabilidades sociales, económicas y afectivas, ya sea que convivan o no bajo el mismo techo.

Menor – es toda persona que no haya cumplido los dieciocho (18) años de edad.

La violencia doméstica, como lo define la Ley Núm. 54, es asunto serio por sí misma, pero cuando ésta se da en presencia de los menores también se le acredita ser maltrato.

Maltrato - significa todo acto u omisión intencional en el que incurre el padre, la madre o persona responsable del/a menor de tal naturaleza que ocasione o ponga a un menor o una menor en riesgo de sufrir daño o perjuicio a su salud e integridad física, mental y/o emocional, incluyendo abuso sexual según es definido en la Ley Núm. 177. También se considerará maltrato el incurrir en conducta obscena y/o la utilización de un menor para ejecutar conducta obscena; permitir que otra persona ocasione o ponga en riesgo de sufrir daño o perjuicio a la salud e integridad física, mental y/o emocional de un menor; abandono voluntario de un menor; que el padre, madre o persona responsable del menor explote a éste o permita que otro lo haga obligándolo o permitiéndole realizar cualquier acto, incluyendo pero sin limitarse a, utilizar al menor para ejecutar conducta obscena, con el fin de lucrarse o de recibir algún otro beneficio; incurrir en conducta que, de procesarse por la vía criminal, constituiría delito contra la salud e integridad física, mental, emocional, incluyendo abuso sexual del menor. Asimismo, se considerará que un menor es víctima de maltrato si el padre, la madre o persona responsable del menor ha incurrido en la conducta descrita o ha incurrido en conducta constitutiva de violencia doméstica en presencia de los/as menores de acuerdo a la Ley Núm. 54 del 15 de agosto de 1989, según enmendada.

En este punto hago hincapié, pues vale la pena recordarlo bien, que el agresor más común es el sicológico. El maltrato emocional que inflige este agresor a la pareja en la violencia doméstica, se da cuando la pareja maltratante entra en un patrón de conducta con palabras de descrédito de su pareja, cuando la menosprecia, le profiere palabras obscenas, la humilla y la degrada. Es como cuando le dice "tú no sirves", "no salgas", "no eres nadie sin mí", "sin mí no vas a poder", "no vas a conseguir nada en la vida", "no haces nada bien" y "eres mala madre". La violencia doméstica, como lo define la Ley Núm. 54, es asunto serio por sí misma, pero cuando ésta se da en presencia de los menores también se le acredita ser *Maltrato*.

Negligencia - significa un tipo de maltrato que consiste en faltar a los deberes o dejar de ejercer las facultades de proveer adecuadamente los alimentos, ropa, albergue, educación o atención de salud a un menor; faltar al deber de supervisión; no visitar al menor o no haber mantenido contacto o comunicación frecuente con el menor. Asimismo, se considerará que un menor es víctima de negligencia si el padre, la madre o persona a cargo es responsable de la conducta descrita en el Artículo 166 A, incisos (3) y (4) del Código Civil de Puerto Rico.

Además de ser obvio el daño emocional que ocasiona el jugar a un niño como peón en la relación enfermiza de los padres divorciados, esto es constitutivo de delito.

Abandono – significa la dejadez o descuido voluntario de las responsabilidades que tiene el padre, la madre o persona responsable del menor, tomando en consideración su edad y la necesidad de cuidado por un adulto.

"Los padres se divorcian entre sí, pero no pueden divorciarse de los niños". Advierto aquí lo que todos sabemos y decimos, pero que desgraciadamente se da con demasiada frecuencia. El hacer lo expresado es constitutivo del delito de abandono. Igualmente se considera maltrato, cuando una madre aleja a los niños del padre por las razones que sean, coraje, desquite, desamor, dinero u otra razón nunca válida. Además de ser obvio el daño emocional que ocasiona el jugar a un niño como peón en la relación enfermiza de los padres divorciados, esto es constitutivo de delito. Lo es más cuando esa madre envenena a sus niños en contra del padre, hablándoles todo lo negativo posible sobre él.

Abuso sexual - significa incurrir en conducta sexual en presencia de un menor y/o que se utilice a un menor, voluntaria o involuntariamente, para ejecutar conducta sexual dirigida a satisfacer la lascivia o cualquier acto que, de procesarse por la vía criminal, constituiría delito de violación, sodomía, actos lascivos o impúdicos, incesto, exposiciones deshonestas, proposiciones obscenas; envío, transportación, venta, distribución, publicación, exhibición o posesión de material obsceno y espectáculos obscenos según tipificados en la Ley Núm. 115 de 22 julio de 1974, según enmendada, conocida como "Código Penal del Estado Libre Asociado de Puerto Rico".

Daño Físico - significa cualquier trauma, lesión o condición no accidental, incluso aquella falta de alimentos que, de no ser atendida, podría resultar en la muerte, desfiguramiento, enfermedad o incapacidad temporera o permanente de cualquier parte o función del cuerpo, incluyendo la falta de alimentos. Asimismo, el trauma, lesión o condición pueden ser producto de un solo episodio o varios.

Daño Mental o Emocional - significa el menoscabo de la capacidad intelectual o emocional del menor dentro de lo considerado normal para su edad y en su medio cultural. Además, se considerará que existe daño emocional cuando hay evidencia de que el/la menor manifiesta en forma recurrente o exhibe conductas tales como: miedo, sentimientos de desamparo o desesperanza, de frustración y fracaso, ansiedad, sentimientos de inseguridad, aislamiento, conducta regresiva o propia de un niño o niña de agresividad hacia él o hacia otros u otra conducta similar.

Creo que lo leído arriba es impresionante por la alta gama de conductas, por ejemplo, negligentes, maltratantes, de abuso o de abandono, que nosotros como padres pudiéramos estar sometiendo a nuestros niños con o sin conciencia de que lo hacemos, incluyendo la violencia doméstica. Pero más impresionante es el impacto del maltrato sobre el menor. Se dan consecuencias físicas, psicológicas, de comportamiento y sociales que en la realidad, sin embargo, es imposible separarlas completamente. Mucha de la literatura acerca del tema habla de las posibles consecuencias a largo plazo del maltrato de menores. Es bueno revisar brevemente alguno de los efectos físicos, emocionales y de comportamiento.

Ha sido indicado que el maltrato de menores, en algunos casos, es el causante de que importantes regiones del cerebro no logren desarrollarse adecuadamente. Por ejemplo, en lo que llamamos 'síndrome del niño sacudido', los efectos inmediatos en el niño pueden incluir vómito, conmoción cerebral, dolor al respirar, convulsiones y la muerte. Las consecuencias a largo plazo de esto, sacudir a un niño, pueden incluir ceguera, problemas de aprendizaje, retardo mental y parálisis cerebral. Mientras, en otros casos reportados, y que lo podemos descubrir clínicamente con demasiada frecuencia entre niños de edad escolar, se encontró que el estrés del abuso crónico causa una sobre estimulación en ciertas áreas del cerebro, lo cual resulta en hiperactividad, perturbaciones del sueño y ansiedad, vulnerabilidad a trastornos de estrés postraumático, problemas de deficiencia de atención o hiperactividad, trastornos del comportamiento y de aprendizaje y dificultad de memorización.

Por otro lado, los efectos emocionales inmediatos del abuso y abandono —aislamiento, miedo e incapacidad de confiar— pueden traducirse en consecuencias para toda la vida incluyendo, baja autoestima, depresión y dificultad de interrelacionarse. Se considera que jóvenes con o cerca de sus 21 años, con la vivencia de haber sido abusados cuando niños, presentan muchos problemas, incluyendo depresión, ansiedad, problemas de alimentación e intentos de suicidio. Otras de varias condiciones sicológicas y emocionales conocidas que se asocian al abuso y abandono son los trastornos de pánico, trastornos de disociación, trastornos de deficiencia de atención/hiperactividad, trastornos de estrés post-traumáticos y el trastorno de apego reactivo.

Se conoce que no todas las víctimas de maltrato a menores experimentan problemas de comportamiento. La literatura en general refiere que el 25 por ciento de menores, abusados o abandonados, son susceptibles a experimentar problemas, tales como delincuencia, embarazo, bajo rendimiento académico, uso de drogas y problemas de salud mental. También menciona que el haber sido abusado o abandonado cuando niño/a, incrementa en un 59 por ciento la probabilidad de que ese niño sea arrestado cuando llega a la adolescencia (Instituto Nacional de Justicia de los Estados Unidos). Se sugiere la existencia de estudios que muestran consistentemente que se da un incremento en la probabilidad de que los niños, abusados o abandonados, lleguen a fumar cigarrillos, abusar del alcohol o tomar drogas ilícitas.

Una disciplina coordinada en el hogar y entre todos a cargo, es un paso a asegurar el que se le brinde un solo mensaje al niño.

Los efectos del abuso o abandono en el niño varían. Todo va a depender de las circunstancias en las que se da, las características personales del niño/a y el entorno del niño/a. En algunos casos, los efectos físicos inmediatos, pueden ser relativamente pequeños, temporales y desaparecer después de un corto periodo. Esto puede ser, por ejemplo, en el caso de los moretones y de algunas cortadas. Por otro lado, ante situaciones más severas, como en casos de fracturas y hemorragias, sus efectos podrían tener consecuencias para toda la vida o llevar a la muerte.

El impacto del abuso y abandono puede ser lo mismo en el área física, emocional, o comportamental, o, darse en alguna combinación de las tres áreas.

Debe quedar claro que el impacto del abuso y abandono lo podemos encontrar lo mismo en el área física, emocional, como en el comportamental. También nos lo encontramos en una combinación de las tres áreas. Indiferentemente a sus efectos, no debe ser descartado el dolor y el sufrimiento emocional que ellos causan a un niño.

No cabe duda que todo lo expuesto antes impresiona a cualquiera, e invita a la reflexión y al cambio. Muchos padres no se dan cuenta que son agresores, ellos creen que están haciendo las cosas bien. Es bueno examinarse como padres antes de que sea tarde. Nuestros niños formarán la próxima generación, por lo que es importante trabajar para que se críen en un ambiente sano. Son los niños los que pagan por los errores de sus padres. Por esto, recalcamos, los padres son primero.

LAS 4 C PARA UNA DISCIPLINA EFECTIVA Y SALUDABLE

Hemos llegado a las 4 C. Mi deseo aquí es dar unas pautas universales claras y directas, que de seguirse puedan asistir a todo adulto en el ejercicio de la disciplina del niño. No es un manual ni un recetario de soluciones para trabajar con las situaciones de su hijo. Tampoco es un libro de texto académico, solo es algo práctico. Es una herramienta más a su disposición. Las pautas son para ser todas y, por todos, llevadas a la práctica por igual.

Se requiere que se hable entre todos a cargo del niño un solo lenguaje para lograr una disciplina efectiva y saludable.

El escenario ideal, es aquel donde no falte una pauta en el modus operandi de cada persona señalada abajo al momento de ejercer la disciplina del niño. Nos referimos aquí a padres en matrimonio, padres separados que comparten custodia, padres solteros, abuelos a cargo o que cuidan, hermanos significativamente mayores, tías, madrinas, maestras, personas y centros de cuido, y otros, todos con la autoridad y responsabilidad por la crianza y disciplina de un niño.

El objetivo de las 4 C –*Coordinación, Congruencia, Consistencia, Consecuencias*– es poder ofrecerle al

El escenario ideal, es aquel donde no falte una sola pauta en el modo de proceder de cada persona al momento de ejercer la disciplina del niño.

padre y otros, la oportunidad de ejercer una disciplina efectiva que redunde en el niño desarrollarse en una persona íntegra, con los mejores valores posibles, y saludable social y emocionalmente. Para esto, proponemos que entre todos a cargo se hable un solo lenguaje, que todos hagan lo mismo. Esto es, que se le ofrezca al niño un solo mensaje libre de ambigüedades de lo que es y no es correcto para que le permita luego tomar control exitosamente de su vida. Veamos las pautas.

PAUTA I - COORDINACIÓN

• Si tú como padre/madre crees que tú eres el único padre/madre del niño, te equivocas. Son muchos los padres/madres de tu hijo. Tu hijo también tiene como padre/madre a la familia extendida, la escuela, los amigos, los vecinos, el mercadeo, la moda, las revistas, la televisión, la tecnología y los juegos electrónicos, el internet, el chateo, etcétera. Esto es así porque, te guste o no, tu hijo/a aprende valores y copia conductas de todos. Lo malo aquí es que no todos tienen tus valores, ni le enseñan el comportamiento que deseas. Si quieres protegerlo de todo esto tendrías que meterlo en una burbuja, y no creo que puedas. Esto pues, hace de la coordinación, congruencia, consistencia y consecuencias, elementos esenciales para la disciplina efectiva y emocionalmente saludable.

• La coordinación es la abanderada en esta discusión. La idea de tener una disciplina coordinada en el hogar y entre todos a cargo, es asegurar el que se le brinde un solo mensaje al niño. No se puede dirigir al niño a la derecha y a la izquierda a la vez. Por ejemplo, un abuelo no le puede permitir equis conducta, cuando los padres no lo harían. Igualmente, un padre separado o divorciado no debe tener sus propias reglas en oposición del otro. Esto desconcierta al niño, dejándolo ansioso y cargado emocionalmente. No le permite entender cuál es el camino correcto, y al desconocerlo no le deja adquirir autocontrol. Y sin autocontrol el niño no mide consecuencias.

• Sin autocontrol el niño hace lo que quiere, esto es, piensa que lo que hace o cómo lo hace o cuándo lo hace o dónde lo hace o cuantas veces lo hace es lo mejor para él. El niño al inicio, por tanteo y error, intentará una conducta, y si le funciona, la dará por buena o correcta, y la repetirá. Y mientras más veces la repita y le funcione, más suya hace la conducta. Así de simple.

Los padres no pueden quitarse la autoridad uno al otro. Los abuelos no pueden quitar la autoridad a los padres. Los padres no pueden quitar la autoridad a los abuelos. Los abuelos no pueden quitarse la autoridad uno al otro. Los padres no pueden quitar la autoridad a la maestra.

- Se tiene que dar UN solo mensaje entre papá y mamá, vivan estos juntos o no. También entre los que lo cuidan como son los abuelos. Más todavía, incluye a todos aquellos viviendo en la casa con autoridad sobre el niño, como por ejemplo, las hermanas mayores, las titis, etcétera.

- Los padres disponen la crianza, o como decimos, las reglas de lo que desean para el niño en términos de lo que se le puede dar o permitir.

- Los padres son los que mandan, no son los abuelos, ni los otros con autoridad sobre el niño. Para evitar dificultades, es necesario ponerse de acuerdo y jamás quitarse la autoridad. Las reglas de disciplina y rutina diaria deben de ser las mismas, tanto en su propia casa como en la del otro padre, de estar estos separados, como en casa de los abuelos o del que lo cuida.

- Los padres no pueden quitarse la autoridad uno al otro. Los abuelos no pueden quitar la autoridad a los padres. Los padres no pueden quitar la autoridad a los abuelos. Los abuelos no pueden quitarse la autoridad uno al otro. Los padres no pueden quitar la autoridad a la maestra, etc. Esto es, cuando un adulto con autoridad regaña, castiga, le pide, o niega algo al menor, todos los otros adultos han de respaldarlo y no decir o hacer lo contrario. Hay que darle un solo mensaje al niño.

- Es necesario apoyar uno al otro. De no apoyarse o de quitarse la autoridad, los valores que tratan de enseñarle al niño se irán al piso. Como resultado le estarán enseñando al niño a manipular, a jugar a un adulto contra el otro y hasta a retar la autoridad de cualquiera, incluyendo la de los maestros y las leyes establecidas. Así se van encubando los problemas de conducta del futuro, y los desórdenes de desafío y oposición. Amén de fomentarle inquietudes emocionales.

Todos los adultos han de respaldarse entre sí. Cualquier desacuerdo se habla fuera de la vista y oído del niño.

- Cualquier desacuerdo se habla fuera de la vista y oído del niño. El niño solo puede recibir una sola cara o mensaje del adulto. Ante el niño, papá y mamá, vivan juntos o no, son uno, y, estos y sus abuelos o cuidadores, son uno. Es la única manera de que el niño tenga claro lo que puede y no puede hacer, y desarrolle autocontrol y estabilidad emocional. Un solo mensaje. Una sola voz.

- Los adultos, si se mantienen cada uno por su lado de acuerdo a su propio librito y conveniencia, pueden llegar a causar daño irreparable a la salud emocional del niño. De esto darse puede ser por negligencia en un principio, pero, de darse a sabiendas, ya se puede configurar como maltrato emocional. Evite. Dialogue y coordine con su pareja, con los abuelos, con los cuidadores, con los maestros, etc. sobre cómo van a hacerse las cosas. Hagan un solo frente.

PAUTA II - CONGRUENCIA

- El niño aprende por los sentidos. El niño aprende por lo que ve, aprende por lo que escucha, aprende por lo que toca, saborea y huele. El niño aprende de su ambiente, esto es, de todo y de todos los que lo rodean. Y lo que principalmente lo rodea es la familia inmediata con papá y mamá al frente, o en su lugar el padre o persona a cargo.

• La congruencia en un mensaje es básico para que éste se entienda. La congruencia se trata de que lo que hagamos o digamos sea lo mismo que queremos que el niño repita luego. Esto no es más que asegurarnos siempre de dar primero el ejemplo correcto de todo lo que queremos que el niño aprenda. Ya lo dijimos antes, si no quieren que el niño repita su ejemplo, no lo hagan o no lo digan.

La congruencia se trata de que lo que hagamos o digamos, sea lo mismo que queremos que el niño repita luego. Si no quieren que el niño repita su ejemplo, no lo hagan o no lo digan.

• El aprendizaje de valores y de conductas se da cuando hay un cambio relativamente permanente en el niño, como resultado de la repetición (el ejemplo, coordinado y consistente, se constituye en el estímulo positivo o negativo) y la práctica (lo que el niño hace o dice como resultado del ejemplo de todos, particularmente el de los padres). Vela tu ejemplo, esto es, el estímulo repetido que le das, si no quieres tener que quejarte y arrepentirte luego.

• La congruencia tiene que estar coordinada para asegurar que le llegue UN solo mensaje al niño. Recuerda, para que se dé el aprendizaje o el cambio deseado se requiere repetición y práctica. Esto es, todos en el contorno del niño, de quien él pueda aprender valores e imitar su conducta por su ejemplo, tienen que estar coordinados y guardar el mismo comportamiento.

Todo se trata de la experiencia de
vida del niño.

• Todo se trata de la experiencia de vida del niño. Podrás desear y tratar de enseñarle al niño las mejores conductas y valores posibles que quieras, pero si él, de forma repetida no vive el ejemplo positivo de aquellos importantes a su alrededor para él copiarlo, todo será cuesta arriba. Ocúpate de dar el buen ejemplo con tu conducta, viviendo valores positivos, y tendrás la mitad del camino gano.

CAUSA Y EFECTO:

SU EJEMPLO Y LAS CONSECUENCIAS

• No te quejes de que el niño es egoísta, no sabe dialogar, se relaciona con violencia, no sabe compartir apropiadamente y quiere ejercer control sobre los hermanos y amigos, *cuando* ustedes como padres aceptan la dominación y el control de un padre sobre el otro y hasta la violencia en la relación entre ustedes para resolver sus conflictos. No te quejes de que el niño se muestra depresivo, ansioso, irritable, huraño o agresivo contigo o con los hermanos, *cuando* tu lo envenenas en contra del padre/madre separado/a o lo utilizas en un lleva y trae de comentarios sobre el otro, colocándolo en la disyuntiva de elegir lealtades. No te quejes de que el niño no sabe ser afectuoso o no puede ser cariñoso con sus padres y otros en la familia, **cuando** él no ve que sus padres, ni tan siquiera en el mismo hogar, se toman de las manos, se den un beso sencillo de despedida en la mañana o de recibimiento en la tarde, o compartan cualquier otro gesto de cariño o de interés genuino y espontáneo el uno por el otro.

• No te quejes si el niño no te tiene confianza y no te cuenta sus asuntos y preocupaciones de manera espontánea, **cuando** él no logra ver interés en ustedes como padres de hablar con él sobre su futuro, sus éxitos y aquello importante para él. No te quejes si el niño se muestra enajenado de la familia, **cuando** él vive el que ustedes como padres actúan como si no tuvieran tiempo el uno para el otro, y mucho menos para él, dando más importancia a los amigo/as en el teléfono, al periódico, a la TV, a la cerveza, o, ve que se esconden uno del otro refugiándose detrás de las reuniones y actividades religiosas en exceso, de la computadora, del trabajo que no debieron haber traído de la oficina en primer lugar, de 'pasatiempos' individualistas como las artesanías y la mecánica, de los partidos deportivos, las reuniones políticas, etcétera.

• No te quejes por el niño ser agresivo, bocón, malcriado y mal hablado en la casa y fuera de ella, **cuando** ese es el tono que tu usas en la casa hacia tu pareja, el mismo niño o con los amigos y vecinos. No te quejes de que al niño se le ve irritable, mal humorado y es agresivo con sus hermanos y otros, se le ve ansioso, y busca de tu atención, **cuando** de ti es evidente que favoreces a un hijo sobre el otro, todo lo que hace el hermano es mejor, nunca lo alabas y quizás para colmo le das la responsabilidad sobre el cuido y seguridad de su/s hermano/s menor/es cuando esa responsabilidad no es del niño, es tuya y de nadie más.

• No te quejes de que el niño no respeta al sexo opuesto, **cuando** tu eres el/la primero/a en despreciar, discriminar, hacer chistes o hablar malo o de manera chabacana sobre tu sexo opuesto. No te quejes de que el niño sea maltratante con las niñas, **cuando** eso es lo que tú haces con la madre de él en la casa. No te quejes de que tu niña acepte el maltrato, **cuando** eso es lo que tú como mujer aceptas en tu caso. No te quejes de que tu hijo tiene una actitud y comportamiento de gran macho, **cuando** tú misma desde él pequeño lo cubres de "blin-blins" y otras prendas, lo vistes y lo peinas de acuerdo al estereotipo del macho abusador, so excusa de que lo haces por la moda, amén de reírle las gracias machistas. No te quejes de que el niño denigra y discrimina específicamente contra las mujeres, **cuando** por ejemplo, a ti como padre, una fémina te da un 'corte de pastelillo' en la carretera y tu rápidamente expresas, "¡tenía que ser una mujer!". No te quejes de que el/la niño/a tiene un comportamiento sexualizado y precoz, **cuando** lo que oye de ti son 'piropos' muy altos en tono como "¡que buena/o está!", te oye hablar inapropiadamente con los amigo/as, te observa viendo revistas, películas, novelas o programas poco edificantes, le estimulas y aplaudes

Recuerda, tu palabra podría influir y señalarle el camino al niño, pero tu ejemplo será lo que lo arrastre. Vive valores positivos, y tendrás la mitad del camino gano.

permitiéndole ciertas conductas inapropiadas para la edad con el sexo opuesto, le estimulas y aplaudes los/las 'novios/as' desde una edad temprana o la/le acostumbraste a vestir de manera impropia y llamativa para su edad.

• No te quejes de que no se respete así mismo/a, **cuando** el niño ve que tú mismo no lo haces por culpa de tus propios vicios y adicciones. No te quejes de que el niño fuma, prueba substancias o las acepta como buenas, **cuando** tú mismo lo haces o permites que alguien a su lado lo haga. No te quejes de que el niño endiose el alcohol, **cuando** ha vivido el que tú incluyes la cerveza como parte de la celebración de los bautizos y cumpleaños de menores. No te quejes de que el niño no sabe socializar, **cuando** ve que tu no eres capaz de pasarla bien si no es hablando en tono alto y de ti mismo/a, de lo que tienes y lo que te falta por tener; dejas a su suerte a tu esposo o esposa en la actividad social mientras le prestas toda tu atención a los otros; y no eres tan siquiera capaz de jugar un sencillo partido de domino, si no es con una cerveza en mano, en competencia por quien es más macho.

• No te quejes de que es mal estudiante, que no le interesa progresar en la escuela, que no tiene ambiciones, **cuando** tu no te involucras en sus tareas, en sus proyectos, en sus intereses académicos y extracurriculares, ni conoces de sus necesidades y dificultades para el aprendizaje, no lo ayudas, no visitas ni cooperas con la escuela, y para colmo, ni tan siquiera te ve en la casa interesada/o en un buen libro de lectura o con una revista constructiva en la mano. No te quejes de que tu niño/a es un/a 'bully', abusivo/a, manipulador/a e intimidante en la escuela con el/la compañero/a que identifica como el/la más débil por ser quizás un/a niño/a timido/a, un/a mejor estudiante o más lento/a que él/ella en su aprendizaje, de otra cultura o de menor capacidad económica, o por tener un impedimento o defecto físico, *cuando* tú mismo/a te expresas mal sobre la escuela, le quitas la autoridad a la maestra, señalas, rechazas y te burlas de toda persona desventajada frente al niño, tratas mal al deambulante y al adicto por ser diferentes, le fomentas la competencia desmedida, le das pie para pensar que es mejor que cualquier otro/a, le ríes todas las gracias y no reconoces sus faltas, lo/a sobreproteges y no le das responsabilidades, no lo/a corriges y no le pones límites, y si lo haces, es de forma inconsistente.

• No te quejes de que él/ella solo te pide y pide, y exige de todo, *cuando* tu lo/a complaces sin miramientos en todos sus caprichos dándole lo último en juguetes, tecnología y moda en el mercado para que él/ella compita con sus pares. No te quejes de que el/la niño/a endiosa el dinero, no sabe vivir con poco o con algo de menor valor económico y menosprecia al que tiene menos, *cuando* tu te esfuerzas por competir, por tener el auto más lujoso, el plasma de TV más grande, el último iPod y Tablet en el mercado, y tener el teléfono móvil más adelantado en el barrio, pues para ti las apariencias es lo más importante, y el que no tiene igual o más que tu no vale o no puede ser exitosa/o.

• No te quejes de que el niño no desarrolla valores cristianos, no conoce y no respeta a Dios, *cuando* tu lo mandas al colegio parroquial, al catecismo o escuela dominical pero no lo llevas a la Iglesia, maldices el nombre de Dios cuando algo no te sale bien, usas el nombre de Dios en vano para respaldar la palabra dada al niño para luego no cumplirle, faltas a tu promesa matrimonial de fidelidad, cumples a tu modo con los otros mandamientos, y olvidas los valores evangélicos en tu vida y familia. No te quejes cuando el niño denigre o se burle del más pobre que él, **cuando** tu no demuestras solidaridad con el más necesitado, le hablas malo o rechazas de mala forma al deambulante que desea limpiar el parabrisas de tu auto o se asoma a tu marquesina pidiendo unos centavos. No te quejes cuando el niño desarrolle conducta maltratante y abusiva en el futuro, **cuando** tu llevas o permites que lleven al perro o al gato a 'dar un paseo' para dejarlo a su suerte en un paraje solitario, o tirarlo al rio sobre el puente más cercano, o permites que descuide y maltrate cualquier animal.

- No te quejes de que el niño miente, **cuando** tú mismo le pides, por ejemplo, que le diga al que llama por teléfono que tú no estás, o que le diga a la maestra que no podrás asistir a la cita con ella por encontrarte enferma/o no siendo esto cierto, o **cuando** le prometes y no le cumples. No te quejes de que el niño no es honesto, roba o es candidato a ser corrupto, **cuando** el niño sabe que tú mismo/a patrocinas las películas pirateadas, tienes un pillo instalado para robarte el agua o la luz y obtienes ilegalmente la señal del satélite, o quizás haces todo truco posible, legalmente cuestionables, para pagar menos a Hacienda en la planilla anual sobre ingresos, o en las planillas mensuales del comerciante sobre el IVU cobrado al cliente, si es que las llenas.

- No te quejes de que el niño sea o se desarrolle como un ñoño, sin iniciativa propia, dependiente de ti para todo, con baja autoestima y una imagen de sí distorsionada, **cuando** tu le permites que duerma contigo en lugar de en su propia cama y cuarto, no le exiges nada, no lo dejas hacer nada o no le das responsabilidades, le haces todo y lo complaces en todo al punto de adelantarte a sus deseos y no dejarlo errar o caerse y levantarse por sí mismo, entorpeciendo así su desarrollo natural físico y socio-emocional. No te quejes de que el niño tiene una imagen pobre de sí mismo al igual que una autoestima baja, *cuando* tu lo que haces es criticarlo y criticarlo para todo, tanto a su físico como a todo lo que hace y como lo hace, y nunca lo reconoces, pasando desapercibido para ti todo lo bueno que hace.

• No te quejes de que el niño no come vegetales, *cuando* tu eres el/la primero/a en pedir que no te lo pongan en el plato, o en hacer un gesto de disgusto frente a ellos. No te quejes de que el niño no quiere comer en la mesa en familia, *cuando* tu eres e/la primero/a en hacerlo frente al televisor.

• No te quejes de que tu niño esto o lo otro. Examínate. Busca que conducta constante tuya es opuesta a la que tú deseas del niño. Busca qué valores tu practicas que son opuestos a los que tu deseas que tenga el niño. Busca las incongruencias en tus valores y conducta. Busca en qué y cuándo no estás dando el ejemplo correcto.

• Crea tus propios ejemplos de 'No te quejes de… *cuando*…' Trata con los siguientes valores, y otros más: amor, respeto, cortesía, amabilidad, dedicación, responsabilidad, honradez, justicia, bondad y civismo. Hazlo, vale la pena examinarnos.

Son obvias las múltiples instancias descritas donde se describen actitudes y valores que rayan con la negligencia y el maltrato. Como dicho al principio, no se puede dirigir al niño a la derecha y a la izquierda a la vez. Se requiere congruencia. No se le puede exigir tener la conducta **A**, cuando le dan el ejemplo de la conducta **Z**. El ejemplo que recibe de sus mayores por un lado, mientras se le exige lo contrario por el otro, confundirá al niño. No tendrá claro cuáles son los valores y la conducta correcta a seguir, la **A** o la **Z**, y al desconocerlo no desarrollará el autocontrol. Y sin autocontrol el niño no mide consecuencias. Hará entonces la conducta que le parezca mejor y, si esta le funciona, será la conducta correcta para él. Es un buen caldo para desarrollar conflictos sociales, amén de problemas emocionales. Recuerda, tu palabra podría influir y señalarle el camino al niño, pero tu ejemplo será lo que lo arrastre. Vive valores positivos, y tendrás la mitad del camino gano.

PAUTA III - CONSISTENCIA

* Consistencia es cuando todo se hace siempre de la misma manera --- hoy, mañana, pasado y pasado. La consistencia es cuando decimos que lo que es *no* es *no*, lo que es *ahora* es *ahora*, lo que es *así* es *así*, **y punto**. Consistencia es cuando mantenemos nuestra palabra empeñada por encima de la resistencia que ponga el niño.

Consistencia es cuando todo se hace siempre de la misma manera y mantenemos nuestra palabra empeñada por encima de la resistencia que ponga el niño.

* Cuando tú le dices ahora algo al niño y ahorita o mañana le dices o haces por el niño lo contrario, tú no estás siendo consistente. Cuando tú le niegas ahora algo al niño y luego de su insistencia, su reto, su perreta o malacrianza tu cambias y le das lo que él quiere por no escucharlo, por tu no molestarte o no querer tratar con él, definitivamente que tú no

estás siendo consistente. Pero he aquí lo importante, al tu ceder lo que has hecho es enseñarle tu misma/o al niño que su conducta equivocada es buena, pues con su berrinche, perreta o reto el/ella logra lo que desea.

• Al dejar de mantenerte firme o ser consistente ante la conducta errónea del niño, tú terminas premiando la misma conducta de la que tú vienes después a quejarte. Felicidades. Aquí tú lo has llevado por la derecha, para a la menor provocación cambiarle la señal a la izquierda.

Premias la conducta del niño cuando dejas de mantenerte firme.

DIÁLOGO, NEGOCIACIÓN Y CONSENSO

• La inexistencia de límites o estructura en el hogar, principalmente cuando la relación de los padres no es buena, puede añadir leña a la dinámica padre-hijo, contribuyendo esto a que se produzca una situación de maltrato infantil.

• Todo niño necesita de una estructura diaria, esto es, normas. Las normas negociadas con el niño hacen la vida más llevadera, tanto para el padre como para el niño, pues todos sabrán que esperar y cuando. Las normas le dan mayor seguridad al niño y le permiten desarrollar autocontrol. Con las normas, el niño no solo sabrá que tarea y comportamiento se espera de él, sino también lo que él puede esperar como consecuencia positiva o como costo para él por no hacer lo acordado.

Con las normas, el niño no solo sabrá que tarea y comportamiento se espera de él, sino también lo que él puede esperar como consecuencia positiva o costo para él por no hacer lo acordado.

* Cuando al momento de establecer las normas se le da la oportunidad al niño de aportar con sus ideas y reclamos mediante el diálogo, esto facilita que el niño quiera y coopere en cumplir con ellas. Esto es así pues, no es lo mismo sentir que fue tomado en cuenta dándole participación, a sentir que le imponen reglas unilaterales. La imposición abona al conflicto paterno-filial.

* Antes de proponerse a dialogar con el niño ustedes como padres deben prepararse pensando de antemano aquello que quieren negociar con el niño. Deben pensar cuidadosamente lo que quieren que él haga, cómo, cuándo, dónde o cuantas veces lo quieren. Deben llevarlo al detalle. También han de tener claro las consecuencias negativas que ustedes como padres le impondrían de él no cumplir con lo acordado.

* A mayor edad del niño, esperen resistencia durante la negociación, pero también más intercambio de ideas y de alternativas en el proceso. No traten de imponerse como padres, hacerlo es el mejor camino para echarlo a perder todo. Requiere de su buena voluntad. Si la tienen, tendrán la

paciencia necesaria. Es cuestión de diálogo y consenso.

• Cuando los adultos y el niño aceptan el resultado alcanzado mediante la negociación, esto se convierte en un contrato, obliga a ambas partes, y los contratos se cumplen. Y si no se cumplen hay que hacerlos cumplir. Hay que hacerlos cumplir tanto en casa como en casa de los abuelos, y en cualquier otro lugar. El niño espera que tú cumplas con tu parte. Espera que seas consistente. Si dijo o dijeron que harías/an algo, hazlo/háganlo. Si prometiste algo, cúmplelo. Esto incluye aplicar la consecuencia o el costo para él, por no cumplir con algo que ya se había acordado que él hiciera.

La imposición abona al conflicto paterno-filial. No trates de imponerte, hacerlo es el mejor camino para echarlo a perder todo.

• Tú puedes organizar tu día junto al niño. De acuerdo a la edad del niño puedes, por ejemplo, acordar con el niño las tareas para el día mientras haces que dibuje el reloj con letras grandes en una cartulina señalando la hora acordada para cada tarea. Puedes también pedirle que recorte y pegue junto al reloj un corte de revista de un niño haciendo la tarea acordada para esa hora, por ejemplo, un niño bañándose.

• Para ayudar al niño a recordar y a hacer referencia a lo que él acordó contigo, o con ambos padres preferentemente, mientras lo trabajaban dibujando, recortando y pegando, puedes fijar la cartulina en la puerta del cuarto del niño u otro lugar acordado entre ambos. El nivel y calidad de la participación del niño dependerá de su edad, y la motivación que tú hayas logrado de él. El que el niño cumpla dependerá de tu seguimiento y consistencia como padre.

• Puedes negociar la hora en que el niño se levantará o se acostará, la hora en que debe bañarse, la hora de ver muñecos, la hora para correr la bicicleta, la hora de la computadora, etcétera. También se puede negociar el orden en que debe hacer algo, como es el cepillarse primero para luego vestirse y después desayunar; llegar de la escuela, poner sus libros en el lugar acordado, cambiarse de ropa, echar la ropa que se quita en el lugar asignado, comer una merienda, preparar todo lo que necesita para estudiar, hacer las tareas en el lugar acordado, cuando tomar un receso, continuar con los estudios, salir a jugar, correr bicicleta, bañarse; cenar, llevar su plato al fregadero, dar de comer al perro, llevar la basura acumulada afuera, y entonces usar sus juegos electrónicos o la computadora.

Mantén la consistencia. Lo que negociaste se constituye en un contrato que ata al niño y a los padres por igual, y los contratos se cumplen.

• Algo adicional puede ser en cual libreta traerá anotado de la escuela las asignaciones para el día, el lugar de la casa para estudiar, el orden de las asignaturas que seguirá para estudiar, por cuánto tiempo usará la computadora, o por cuánto tiempo verá la TV, o correrá la bicicleta antes de cenar o de bañarse. Esto último, el uso de la TV, la bicicleta o la computadora, son ejemplos de privilegios que se pueden acordar quitar como costo por no hacer lo que tenía que hacer.

• Mucho más puede negociarse, dependiendo de las necesidades de cada caso. De hecho, luego de negociar el qué va a hacer, puede negociar como, cuando, donde o cuantas veces hará el qué. Y como señalado una y otra vez también hay que negociar sus privilegios para luego quitárselos como costo para él por no hacer lo acordado. El costo tiene que darse el mismo día no un día o mas después.

• Recuerda que lo que negociaste y acordaste es para cumplirse hoy, mañana, pasado y pasado. No confundas al niño. No le cambies los muñequitos así nada más. Tienes que ser consistente. Después no te quejes.

El adolescente quiere creer en ti, quiere

tu respaldo y respeto, siempre.

FLEXIBILIDAD

• Como todo contrato, a modo de excepción, lo acordado se puede modificar con la renegociación. Podemos hacerlo en el camino. Veamos el ejemplo siguiente: el niño quiere ver los muñequitos en lugar de ir a hacer lo que le tocaba hacer previamente acordado, irse a bañar. Tú, en lugar de obligar al niño y ganarte una úlcera en el proceso puedes, para ese momento en particular de resistencia del niño, ser flexible y renegociar con él un cambio de orden de actividad.

• No decidas unilateralmente; esto es, negocia con el niño en ese instante invertir el orden previamente acordado, esto es, ver los muñecos primeros y después irse a bañar. Pero queda como muy importante el recordarle el costo previamente acordado que tendrá para él si no cumple con este cambio. Tú no puedes distraerte pues cuando terminen los muñecos tú tienes que estar ahí y asegurarte de que el niño cumpla con lo acordado y se vaya a bañar. De no hacerlo, tú tienes que aplicarle el costo o la consecuencia negativa acordada previamente. Se consistente. Cumple con lo pactado.

Mientras más dejes de aplicar costos a la conducta del niño, más difícil se hará cambiarla.

• Otro ejemplo sobre flexibilidad podría ser: tu llamas al niño que corre bicicleta en la calle pues vas a servir la mesa, y quieres que el niño entre para que se prepare para comer, pero el niño se resiste y te dice que todavía no. ¿qué hacer entonces? ¿corretearlo? ¿gritarle? ¿amenazarlo? ¿enviarle al hermano detrás? Nada de eso. Solo te queda negociar. Puedes indicarle que aceptas, que por hoy está bien, que puede dar tres vueltas más y entonces entrar a la casa, pero que de no hacerlo le quitarás un privilegio como costo o consecuencia negativa como previamente acordado, por ejemplo, no podrá usar su computadora luego de cenar. Esto ahora se constituiría en un nuevo contrato. Hubo un cambio en los términos. Tanto el niño como tu saben ahora qué hacer o esperar, y hasta cuándo. Tres vueltas son tres vueltas. Siendo así, no puedes irte y olvidarte del contrato. Como dicho antes, los contratos se cumplen y si no se cumplen hay que hacerlos cumplir. Y lo que no se cumple tiene consecuencias negativas. Aplica la consecuencia negativa. Se consistente.

• Si en este caso el niño desobedece y no te cumple dando más vueltas de lo acordado, y tú no lo castigas quitándole el privilegio de poder usar la computadora, según anteriormente acordado, tú te haces su cómplice. Esto es así, pues lo premias al permitirle desobedecer sin consecuencias negativas para él. Tu te expones a perder tu autoridad y le abres las puertas al niño para manipularte y mucho más. Ahora no te lamentes, pues tú y solo tú, le enseñaste o al menos lo condujiste a ser desobediente. No te expongas a fomentar y a premiar un desorden oposicional desafiante. Ya aquí estaríamos hablando palabras mayores. Todo esto es por no ser consistente. Debes recordar que mientras más frecuente ocurre que tu permites que el niño se salga con la suya sin consecuencias negativas para él, más fuerte se hace la conducta errada y por consiguiente, más difícil para cambiar será la misma.

• Como indicado, lo que es *fo* es *fo*. Quiere decir, que lo que es no es no, lo que es ahora es ahora, lo que es así es así, **y punto**. Pero, no se trata de imponer tu voluntad. Se trata de ser consistente. Ser flexible y renegociar es aceptado pero es la excepción no la norma. Ser flexible es recomendado siempre y cuando tú no lo tomes sistemáticamente como pretexto para tu evitarte la molestia de actuar, o tener que hacer valer la consecuencia negativa por encima de la resistencia, pretexto, malacrianza o pataleo del niño. Si tienes que recurrir frecuentemente a ser flexible, significa que el acuerdo original necesita ser repensado en su totalidad, porque tú al no cumplir con tu parte de aplicar las consecuencias negativas por miedo o dejadez propia has debilitado el contrato.

• Cuidado, siempre hay un adulto que se deja manipular, o a quien el "ay bendito" lo domina. Puede caer en esto uno de los padres, uno de los abuelos, una titi, etcétera. Esto no es aceptable ya que ayuda a sacar de apuros a tu hijo/ nieto/ sobrino/ o niño bajo su cuido a no cumplir con las normas acordadas. Esto es sobreprotección, y es enseñarle de todo al niño menos responsabilidad. Esto es sabotaje. Es obvia la falta de coordinación y consistencia. Ojo.

El niño recibe dos mensajes diferentes cuando el padre, no demuestra con su vida el ejemplo que valide los valores y la conducta que le quiere enseñar.

• Al no haber consistencia en la disciplina ni en lo que le tratan de enseñar al niño, éste no adquiere autocontrol. Es lo mismo que pasa cuando no existe coordinación entre sus cuidadores, o cuando no existe el ejemplo positivo en su vida que valide los valores y la conducta que le quieren enseñar. El niño recibe dos mensajes diferentes. Vete a la derecha y vete a la izquierda a la vez. El niño se confunde. El niño no aprende la conducta correcta. El niño 'disparará' la conducta que le dé la gana, o la que él cree que es la mejor para él. Definitivamente, que no necesariamente será la conducta correcta o la esperada por ti. Y como dicho antes, mientras más veces tú lo premies con tus inconsistencias, más fuerte se hará la conducta que tú no quieres, y más difícil se hará el lograr que haga lo que tu si quieres. Y tú te enojarás.

ADOLESCENCIA: AMBIVALENCIA, GUÍA Y CORRECCIÓN SIN RECHAZO

• Para los pre-adolescentes y adolescentes todo lo dicho sobre la coordinación, congruencia, consistencia y consecuencias va igual, quizás con modificaciones por la etapa de desarrollo en que se encuentran.

La adolescencia, es la experiencia tortuosa de pasar de niño a adulto. Confundido y ambivalente va buscando su lugar e identidad en este mundo de adultos.

• El adolescente va desarrollando su pensamiento crítico a medida que madura. A medida que esto se da, el adolescente se va dando cuenta que tú no eres perfecto/a y te baja del pedestal en el cual te tenía toda su vida. El adquiere su información de diversos medios: de sus propios padres, del resto de la familia, los vecinos, los amigos, la escuela, las revistas, el mercadeo, la televisión, la computadora. Del adolescente espere críticas, retos, ambivalencia, exigencias, comparaciones, resistencia, búsqueda de su independencia, y más. Es lo esperado de él. Es normal.

• Si esta etapa de la adolescencia es difícil para los padres, más lo es para el adolescente mismo. Imagina ser el jamón del sándwich. El adolescente no quiere ser tratado como niño, porque no es niño. Sin embargo, exige ser tratado como adulto, pero no está listo. El joven no es una cosa ni la otra. No es niño pero tampoco es adulto. Y él lo sabe. Y eso duele. Se encuentra entre las dos tapas del sándwich. La adolescencia, es la experiencia tortuosa de pasar de niño a adulto. Confundido y ambivalente va buscando su lugar e identidad en este mundo de adultos.

• El adolescente requiere de una cadena larga. Mientras más edad y madurez, más larga. Quiere que le den oportunidades para madurar, para irse acercando a la adultez. A mayor amplitud y calidad de las experiencias a las que sea expuesto el adolescente, mayor su potencial de desarrollo. Pero, ojo, también pide que no lo dejen solo. Pide, a muy pesar suyo, que le halen la cadena, suavemente, con comprensión, cuando comete una falta, o se ve confundido. El adolescente solo quiere saber que siempre tiene un respaldo. Quiere ser guiado y corregido sin ser tenido a menos, sin que le digan que hacer o le impongan, ni que le detengan de continuar intentando. Quiere diálogo, quiere guía, quiere que lo escuchen sin ser rechazado.

• El adolescente quiere toda la independencia del mundo como si fuera adulto, pero quiere sentir que no lo han dejado solo, que tiene a sus padres en quien descansar y depender como cuando niño. Quiere que confíen en él sin peros. Es el gran reto que presentan los adolescentes -- ni adultos, ni niños. La adolescencia es un proceso doloroso de aprendizaje que requiere del acompañamiento sabio de los padres y maestros. Repito, el adolescente quiere oportunidades y que se confíe en él sin miramientos; pide que no lo dejen solo, que lo guíen y corrijan cuando necesario pero sin ser rechazado.

El adolescente quiere guía, no imposición, quiere que lo escuchen sin ser rechazado.

• Al discutir con el adolescente las normas para su conducta, es importante que los límites queden bien claros para todos. No le digas que hacer. Es importante su entera participación en la negociación.

• Motívalo a que exprese sus propias opiniones, preferencias y alternativas sobre la conducta esperada para algún momento dado y sobre cualquier otro tema en discusión, incluyendo las consecuencias. Es importante que el adolescente pueda creer en ti. Se requiere de tu honestidad, buena voluntad y buena disposición como padre a la hora de la verdad. Se espera que con esta actitud, tú puedas presentarle con respeto al adolescente tus propuestas como padre/madre, y considerar a cambio sus propias propuestas y exigencias con flexibilidad. Si esto se da, ambos habrán cedido algo de los intereses de cada uno alcanzado así el consenso deseado.

• Pero te hago una advertencia: ¿recuerdas lo dicho anteriormente sobre 'los padres son primero'?. Como indicado entonces, los niños son el reflejo de los padres en el hogar. Mientras más desacertada haya sido tu ejemplo para el joven como padre/

madre, esto es, mientras más comprometida esté tu moral y credibilidad ante el adolescente, más difícil se te hará la comunicación con él/ella. No trates ahora de imponer pautas a su conducta así no más. El objetivo es poder llegar a un consenso con el adolescente por medio del diálogo y la negociación, no la imposición.

Mientras más comprometida esté tu moral y credibilidad ante el adolescente, más difícil se te hará la comunicación con él/ella. No trates ahora de imponer pautas a su conducta así no más.

PAUTA IV – CONSECUENCIAS

- El niño aprende de su ambiente, esto es, de todo y de todos los que lo rodean. El aprendizaje se da por los sentidos, particularmente por lo que vemos, oímos, tocamos, olemos, probamos. Toda conducta tiene su consecuencia o resultado. Incluso no hacer nada tiene sus consecuencias. Las consecuencias o resultados de cualquier conducta fortalecen la conducta o ayudan a cambiarla. Las consecuencias lo mismo son positivas o negativas. Las consecuencias positivas premian a la conducta. Es lo mismo que decir que refuerzan y fijan la conducta. Las consecuencias negativas son aquellas que le representan un costo al niño, por lo que castigan a la conducta y facilita el cambio, haciendo que el niño intente otra conducta que sí sea reforzante o agradable para él.

Las consecuencias o resultados de cualquier conducta fortalecen la conducta o ayudan a cambiarla.

• Como se ha dicho anteriormente, el aprendizaje de valores y de conductas se da cuando hay un cambio relativamente permanente en el niño. Esto se da como resultado de la repetición (del único mensaje que se le repite y se le repite mediante la coordinación, la congruencia y la consistencia) y la práctica (la conducta que el niño hace hasta que la va haciendo suya gracias a la repetición del mensaje y el refuerzo positivo que le sigue).

• Cuando hablamos de que queremos fortalecer una conducta, aplicamos el refuerzo positivo. Esto lo hacemos proveyendo premios o privilegios inmediatamente a la conducta que buscamos fortalecer. Enfatizo inmediatamente. Cuando es lo contrario, que se quiere cambiar la conducta, hablamos de hacer que la conducta equivocada tenga un costo inmediato para el niño. Popularmente decimos que esto es aplicar un castigo o consecuencia negativa. Hablamos aquí de retirarle al niño la oportunidad de recibir premios o privilegios, inmediatamente después de que suceda la conducta equivocada.

• Hay que fijarse que el aplicar el refuerzo positivo, esto es, premios y privilegios, se hace de forma contingente o *inmediatamente* después de hecha la conducta que se desea que el niño haga. El que se haga de forma inmediata, provoca que el niño pueda hacer la conexión neural conducta-refuerzo deseada. Si por otro lado, espera horas o días para dar el refuerzo o el premio prometido y tan esperado por el niño, se perderá la conexión por falta de inmediatez y, por ende, usted habrá perdido una gran oportunidad de reforzar la conducta deseada. Lo mismo va cuando se habla de quitar premios o privilegios al niño. La inmediatez es clave.

El aplicar el refuerzo positivo se hace inmediatamente después de hecha la conducta que se desea que el niño haga. Lo mismo va cuando se habla de quitar premios o privilegios al niño.

• Como sugerido antes, se requiere que también se actué de forma contingente a la conducta errada cuando se va a retirar premios y privilegios. El costo por hacer la conducta errada tiene que ser sentido de inmediato, si se desea que se dé la conexión ofensa-castigo deseada. No puede decirle al niño "deja que venga tu papá a la tarde," o "deja que lleguemos a casa y verás". Tiene que actuar quitando un privilegio de inmediato, tan pronto se da la conducta errada.

• Enfatizo, las consecuencias negativas (igual que las positivas) han de ser aplicadas de manera inmediata, esto es, conducta incorrecta realizada, consecuencia negativa aplicada. No es recomendable el dejar un castigo para otro día. El castigo pierde su efecto por no tener inmediatez con la conducta equivocada. Y como ya establecido, cuando esto ocurre el niño no puede hacer la conexión neural requerida (conducta mala---consecuencia negativa). Quizás ayude recordar el dicho "no dejes para mañana lo que puedes hacer hoy". Además, por aplicarla fuera de tiempo se corre el riesgo de castigar una conducta correcta y quitarte tú misma la autoridad.

Es necesario recordar el ser consistentes. A mayor cantidad y frecuencia de refuerzos positivos recibidos por el niño por equis conducta, más fuerte se hace la conducta, y mayor será la dificultad para cambiar esa conducta.

• Otro detalle que recordar al momento de querer reforzarle al niño su conducta apropiada es, nuevamente, el ser consistente. No puedes reforzar la conducta hoy y mañana cansarte, o hacerte de la vista larga. Lo mismo va cuando se quiere eliminar una conducta. No puedes hoy quitar privilegios por una conducta errada, y mañana no hacer nada frente a la misma conducta. Definitivamente, que con esto lo que haces es premiar la misma conducta que tú no deseas. Amén de que estás confundiendo al niño dándole dos mensajes opuestos. No te quejes después.

• A mayor cantidad y frecuencia de refuerzos positivos recibidos por el niño por equis conducta, más fuerte se hace la conducta, y mayor será la dificultad para cambiar esa conducta. Esto es, el niño adivina o imita una conducta y si le funciona la repite. Es así pues, la toma por buena o correcta para él y sus propósitos. Si le vuelve a tener buenos resultados, que es lo mismo que decir que su conducta fue reforzada, más fuerte se hace esa conducta en su repertorio y mayor es la posibilidad de que la continúe haciendo. Por esto la importancia de la consistencia entre aquellos con autoridad sobre el niño al momento de aplicar las consecuencias.

• Un ejemplo del lugar de las consecuencias, en este caso de un refuerzo positivo que no se debió permitir, es cuando el niño sube a la cama y brinca en ella; tú le ordenas que se baje, le adviertes que se puede caer y más, lo amenazas si no se baja; el niño no se baja, tú continúas con tus tareas, lo dejas y no actúas aplicando consecuencias negativas para él; el niño conoce ahora tus límites, el niño concluye que su conducta es buena y aceptada pues no ha tenido consecuencias negativas para él, el niño gana; el niño se auto recompensa por lo divertido de brincar, las consecuencias de su conducta le fueron placenteras, un refuerzo positivo para él; el niño se baja cuando se cansa para luego repetir su conducta al otro día. Como expresado antes, las consecuencias, en este caso positivas, fijaron la conducta. Tú le acabas de enseñar que brincar en la cama es bueno para él. Tú misma lo premiaste, por tu no ser consistente y no actuar ante su desobediencia y aplicarle un costo a su conducta.

• Las consecuencias negativas pueden ir, desde quitarle un privilegio como el uso de la computadora o el juego electrónico de su preferencia, a obligarlo a hacer algo que no acostumbra porque no le gusta hacerlo, como podría ser el tener que sacar la basura y dar de comer a los animales ese día. También puede ser algo como, no poder salir a jugar afuera con los amigos ese día, no correr la bicicleta como acostumbra, no acompañar a la tía al pueblo como planificado para ese día, o irse a acostar más temprano. Las consecuencias negativas o costo negociado por no hacer lo correcto dependerán de cada niño. El costo para los más pequeños puede ir desde retirarlo del juego en el que esté envuelto y sentarlo por un tiempo adecuado, a permanecer un periodo aislado en su cuarto, con la puerta abierta (por su seguridad), sin usar juegos, muñecos, tv, computadora o cualquier otro entretenimiento que pudiera tener en el cuarto.

Los castigos tienen que darse en proporción a la ofensa. De no ser así , podrías estar incurriendo en maltrato.

• Las consecuencias negativas o castigos tienen que 'dolerle' al niño. Tienen que llevarle el mensaje claro de que lo que hizo o cuando lo hizo no fue lo correcto, pero tienen que ser en proporción (del mismo tamaño) a la ofensa. Si el niño comete una tontería, el castigo no puede tener más valor que lo que amerita. De igual forma, si su falta es importante, la consecuencia por su acto ha de tener la misma importancia.

• Castigos menores a lo que deben de ser son inefectivos. Por ejemplo, no puede simplemente regañar al niño cuando golpeó con saña a otro niño menor. Lo mismo ocurre cuando le das un castigo mayor a la ofensa. En ambos casos el niño no hace la conexión ofensa-castigo, y tú habrás perdido el tiempo, y en caso de que se den las consecuencias desproporcionadas, tú podrías estar incurriendo en maltrato.

Cuando hablamos de refuerzos, el mejor refuerzo positivo es el verbal/social, no el material.

• Cuando hablamos de refuerzos, el mejor refuerzo positivo es el verbal/social, no el material. Tú no puedes prometer lo que no puedes cumplir. Tú no siempre vas a tener un juguete, un dulce, un boleto de cine, un juego electrónico, una bicicleta... etcétera, en la mano para entregarle al niño para reforzarlo. Y de tenerlos, nunca tendrás suficiente cantidad para seguir dispensándolos, y al niño no le hará siempre la misma gracia recibirlos. Pero sí puedes garantizarle un "¡que bien lo hiciste!", "¡fantástico!", "¡bien hecho!", "¡vas bien"!, darle un beso, guiñarle un ojo, darle una sonrisa de aprobación, darle una palmada, bailar con él, gritar frente a él "¡abuela, mira que bien le quedó!" o decirle, "¡estamos orgullosos de ti!".

• Muchos padres se quejan de que, a pesar de reforzar al niño, este sigue haciendo lo que no debe. Vemos que en lugar de refuerzo positivo, el padre realmente ha estado, sin darse cuenta, castigando al niño por hacer aquello por lo que supuestamente lo está reforzando. El padre ha estado subiendo al niño con bonitos elogios, para de inmediato dejarlo caer con recriminaciones veladas. A pesar de sus buenas intenciones, el padre lo que realmente hizo fue regañar al niño. Perdió el refuerzo. Perdió el tiempo.

• Al niño no lo puedes reforzar para castigarlo a la misma vez. Déjalo arriba. Lo correcto es decirle,

"¡que bien lo hiciste, estoy contenta!", y ya, nada más, sigue andando. El niño recibirá esto como un refuerzo, una consecuencia positiva por hacer lo correcto. Quedará contento y motivado para repetir la conducta que deseabas.

No lo dejes caer, no lo castigues cuando lo que quieres es premiarlo. Cuidado, déjalo arriba, contento o satisfecho por el refuerzo positivo recibido.

• No lo dejes caer, no lo castigues cuando lo que quieres es premiarlo dándole refuerzos. Lo que anda mal es algo así como decirle, "¡que bien lo hiciste, estoy contenta" y añadirle, "lo vez que sabías hacerlo, así es que lo tienes que hacer siempre!". El "que bien lo hiciste, estoy contenta" es suficiente, es reforzante. El "lo vez que sabías hacerlo, así es que lo tienes que hacer siempre" está de más, pues luego de premiarlo reforzando su logro, lo castigas en el mismo momento al recriminarle por no haberlo hecho bien antes. ¡Ay! Esto duele. Esto es negativo para el niño. El resultado es que el niño toma esto último, la recriminación, la recuerda, y la asocia con la conducta que acaba de hacer. El niño entonces pensará dos veces antes de hacer nuevamente la conducta que deseaban como padres, por miedo a ser castigado con la recriminación nuevamente. Cuidado, déjalo arriba, contento o satisfecho por el refuerzo positivo recibido.

Quita presión a lo negativo. No estés
tan pendiente a lo malo que hace el
niño como a lo positivo que sí hace.

• Por otro lado, hay padres que se quejan de que, a pesar de regañar y castigar al niño por equis conducta, el niño insiste en hacerla. Aquí hay otra situación de la que hay que cuidarse, pues se termina reforzando la conducta equivocada, la conducta no deseada. Esto ocurre cuando el niño se acostumbra a recibir la atención del o de los padres, solamente cuando hace la conducta incorrecta en cuestión.

• Esta atención la recibe cuando es regañado o castigado. Cuando emite la conducta correctamente, no recibe satisfacción alguna. Sus padres ignoran al niño, no caen en cuenta que cuando el niño hace lo correcto es cuando deben de prestarle la atención y reforzar la conducta positivamente. Pierden la oportunidad. El niño naturalmente interpreta que la conducta no deseada por los padres realmente es aceptable, por lo menos para él, pues gracias a esta conducta no deseada es que ellos le prestan atención. Buscará entonces, seguir con la conducta reforzada por los padres aunque le cueste ser regañado y castigado.

• Quita presión a lo negativo. No estés tan pendiente a lo malo que hace el niño como a lo positivo que sí hace. Ignora las conductas equivocadas cuanto sea posible, castiga sí las que ameriten ser castigadas, pero no dejes pasar las conductas positivas. Es importante dar énfasis a observar y premiar lo positivo que haga el niño. Desgraciadamente, es fácil olvidar lo bueno que hacen los niños cuando todo en la casa está tranquilo.

• Refuerza la conducta buena realizada que tú esperabas, pero, no tienes que esperar a que la complete para reforzarla. Refuerza al niño en el camino. Ayuda al niño a acercarse a la conducta que tú deseas, reforzando sus aproximaciones. Paso a paso. Algo así como, cuando formamos un barullo cuando el niño tambaleándose da sus primeros pasos. Siempre lo festejamos en sus aproximaciones, hasta que logra su estabilidad y sale corriendo y trepando.

Ayuda al niño a acercarse a la conducta que tú deseas, reforzando sus aproximaciones. Paso a paso.

• Otro ejemplo. Si el niño no comunica, pero hoy sin esperarse de él se le 'chispoteó' y mencionó algo sobre la escuela, deja de forma obvia los trastes al lado o cualquier otra cosa que estés haciendo y escúchalo. Al final puedes decirle algo así como, "gracias por compartir eso conmigo, me hizo sentir bien". Es bueno añadirle un poco de cómo te hizo sentir. Y nada más. No lo dañes. Luego de esto el niño se aventurará a hacer lo mismo y quizás un poco más. Esto es un segundo paso importante. Se está aproximando a la conducta de compartir sus intereses y preocupaciones. Si da el paso asegúrate de actuar igual, dando el mismo refuerzo, deja todo y dedícale tiempo. Las aproximaciones continuarán más frecuentes, y tú continuarás dando el refuerzo esperado.

- Una vez aprendida cualquier conducta deseada, esto es, una vez que la hace suya como resultado de la repetición y la práctica, ya no tienes que reforzarla siempre. Puedes dar el refuerzo de forma variable. Esto, definiéndolo libremente, quiere decir que puedes dar el refuerzo de vez en cuando pero sin dejarlo de dar.

- Se puede esperar que el refuerzo verbal que recibirá el niño, será cada vez más escaso a la medida que este se desarrolle. Se espera que el niño vaya aprendiendo a autoreforzarse, lo cual será clave para motivarse y elegir la conducta correcta. Esto es lo esperado de un adulto saludable emocionalmente. Los, "¡lo felicito!" o "¡qué bien lo hizo!" están racionados, muy racionados, cuando adultos. Si tiene suerte, puede que su jefe o supervisor inmediato le dé algún día las "¡gracias!", o le diga, "¡bien hecho!", o algo parecido a un refuerzo por su buen trabajo. ¿No es verdad? Pero, mientras llega a su adultez, no olvides de brindar el refuerzo verbal y gestos de aprobación a tu niño y adolescente por sus logros y buen comportamiento.

BULLYING

Luego de lo presentado en los capítulos anteriores, es beneficioso resumir algo sobre la persecución y las agresiones que se dan en las escuelas. El "bullying", o acoso escolar, está presentando una tendencia a aumentar en nuestras escuelas, y está llevando a muchos estudiantes a vivir experiencias realmente alarmantes. El acoso no se trata de un mero empujón o chiste de mal gusto, es más bien una situación recurrente que, de no actuarse para detenerla, puede provocar consecuencias emocionales severas a la víctima.

El acoso es más que un empujón o un chiste de

mal gusto. Es una situación recurrente que

puede provocar daños emocionales severos a

la víctima.

Esta conducta la encontramos en casi cualquier lugar de la escuela como, en el patio y el comedor escolar, sus pasillos y salones de clases, en los baños, en áreas de recreación y deportes, a las horas de entrada y de salida de la escuela, en el autobús de transportación escolar, etcétera. Existe tanto en las escuelas públicas como privadas. No tiene que ver con nivel social alguno o con un sexo en particular. Pero sí, encontramos al agresor predominantemente entre los varones. Las víctimas igualmente pueden ser tanto niñas como niños.

Y añado, aunque se da con mayor frecuencia entre los grados de la intermedia y secundaria, no se exime de esto a los grados primarios. Más, a la hora de darse el acoso, el que fuera, este se puede dar por un solo agresor como por dos o más agresores, agrupados como una pequeña ganga, en contra de la víctima.

El observador adulto, a la medida que no actúa, se convierte en cómplice del acoso, corresponsable de los daños emocionales, más se le puede acusar legalmente de negligente.

Un personaje adicional que entra en la ecuación "bully" – víctima, es el que observa. Este puede ser tanto un compañero de escuela como un adulto. Este observador, a la medida que no actúa, se convierte en cómplice del acoso. Se le hace no solo co-responsable del "bullying", pero también, del daño causado a la víctima. La falta del adulto observador es mayor, ya que por su conducta de no haber actuado, deteniendo e impuesto un costo a la conducta errada, también acaba por reforzar o premiar al "bully". El adulto que así actúa, falta a la congruencia. Busca enseñarle al niño que se comporte de una manera (que vaya a la derecha), mientras que con su ejemplo, acepta la conducta contraria (se va él mismo por la izquierda).

Creo que debo recordar, aunque no estamos entrando detalladamente en el tema, que el "bullying" es una conducta ilegal y un crimen. Toda escuela, privada o pública, por normas del Departamento de Educación de Puerto Rico, tiene que tener un protocolo para investigar y manejar estos incidentes y, de acuerdo al incidente, tiene que notificar a la Policía y al Departamento de la Familia para la intervención pertinente. Este protocolo tiene que hacerse tanto del conocimiento del personal escolar, como de los niños y sus padres. La institución escolar que no cumple con su protocolo está sujeta, tanto a perder su licencia de operación como a serle sometidos cargos por negligencia institucional.

Vuelvo y señalo parte de lo que dice la Ley 177 sobre lo que pudiera considerarse como *Negligencia:* es un tipo de maltrato que consiste en faltar a los deberes o dejar de proveer adecuadamente a un menor, entre otras cosas, educación y atención de salud; se incluye faltar al deber de supervisión. Es obvio que el adulto observador, falta a la oportunidad de educar y de cuidar preventivamente de la salud física y emocional del menor al momento que acepta el "bullying". También falta a su obligación general, que como adultos tenemos todos de supervisar al menor, bajo nuestro cargo o no. Todo adulto, maestros y otros, estamos sujetos a ser considerados como negligentes de no identificar, y actuar para prevenir y corregir el "bullying", se dé donde se dé.

TIPOS DE "BULLYING

El acoso escolar, o "bullying", se da de 'mil maneras'. Lo habitual es pensar primero en el acoso físico. Esto es así porque por lo regular, podemos ver en el cuerpo de la víctima el efecto de la agresión o escuchamos su llanto, signos concretos que normalmente asociamos con que algo anda mal. Cuando investigamos sobre lo sucedido, encontramos con que no hubo un simple empujón para el golpe presentado, sino que, hubo puños, y quizás, golpes como consecuencia de una paliza previamente acordada.

Un tipo de acoso que todos, seamos niños o adultos, encontramos aterrador es el acoso sexual. Éste atenta seriamente contra la intimidad personal. Hay mucha carga emocional envuelta aquí. Podemos encontrarnos con provocaciones, hostigaciones, desafíos, rechazos, burlas, asedio, e incluso con intentos de abuso sexual, fallidos o no.

El acoso escolar, o "bullying", se da de 'mil maneras': acoso físico, acoso sexual, acoso de exclusión social, acoso verbal, acoso psicológico, acoso cibernético, y otros, como, acoso por el color de piel.

El acoso de exclusión social es muy popular en las escuelas. Dependiendo de la edad, lo vemos más entre las niñas. La exclusión social se da cuando se ignora, se aísla y se excluye al otro. Lo podemos observar, en términos generales, cuando la víctima es empujado/a a quedar fuera de su grupo por ser diferente. Quizás porque sus destrezas para el deporte, sus destrezas académicas, sus cualidades de belleza, su color de piel, o su incapacidad para competir económicamente, no igualan a las del grupo de su interés. Observamos también el acto de excluir socialmente, en las burlas y en las actitudes de superioridad aparente de aquellos estudiantes en la corriente regular hacia los estudiantes de educación especial, particularmente, hacia aquellos en salones contenidos del programa de educación especial.

El acoso verbal, es muchas veces el protagonista en el "bullying". Aquí escuchamos al/la agresor/ra proferir insultos y menosprecios, nada más y nada menos que en público, para poner en evidencia al débil.

Demasiadas veces escuchamos al agresor llamar a la víctima con nombres soeces.

El acoso psicológico, se presenta cuando la víctima se siente perseguida, utilizada, manipulada e intimidada. Existe igualmente acoso psicológico, cuando la víctima responde a la tiranía y chantaje del agresor. Este recurre frecuentemente como arma a las amenazas físicas, de exclusión y de poner a la víctima en evidencia.

El "bullying" se da lo mismo en escuelas públicas como en privadas. Se da en cualquier lugar y momento. El "bully", igual que la víctima, puede ser niño o niña, y de cualquier nivel social.

El acoso más reciente en las escuelas, gracias a las nuevas tecnologías, es el "cyber bullying". El acometimiento en este caso se da a través del Internet. Se presenta en páginas web, blogs o correo electrónico.

Del acoso, en sus múltiples modalidades, se está escribiendo mucho. Por no dejarlo de mencionar, sí, existe el acoso por color de piel. Algo así como, si eres negrito/a, te quedaste afuera.

EL "BULLY", LA VÍCTIMA Y LA FAMILIA

Cuando tenemos a un niño agresivo en nuestras manos, es muy probable que tengamos a un niño que él mismo sea víctima de intimidación, o de algún tipo de abuso en la escuela o en la familia. Podríamos entender que su conducta vendría siendo el resultado de ser humillado frecuentemente por adultos. Para lidiar con esto, asume una actitud de superioridad, la cual es reforzado por otros agresores, o porque la víctima resulta ser un niño con pocas destrezas para poder responder al acoso.

El "bully" no necesita de razones o motivos. Actúa por impulsos. Las actitudes de estos niños, actúen por si solos o en grupo, por lo regular son agresivas y amenazantes. Suelen ser provocativos. Todo lo toman a son de burlas. No pueden ver ni ponerse en la posición del otro. No son capaces de reconocer los sentimientos del otro, ni ver el sufrimiento que causan. Y como resultado normal, su forma de resolver conflictos es por medio de la agresión.

El niño que recurre al "bullying", por lo regular, lo hace para imponer su fuerza sobre el más débil. Esta superioridad lo mismo puede ser física como psicológica. El asunto es, que quiere tener la carta ganadora cuando acosa verbal, psicológicamente o de cualquier otro modo. Este poder y dominio sobre el otro podría durar días, meses y hasta años.

Las consecuencias para las víctimas del acosador son claras: baja autoestima, pasividad, pérdida de interés por los estudios con un posible fracaso escolar, trastornos emocionales, problemas psicosomáticos, depresión, ansiedad, y pensamientos suicidas. Hay jóvenes que para no continuar con la carga emocional, que consideran monumental, todo como consecuencia del acoso sufrido, recurren al suicidio.

Ampliando, por lo regular, las víctimas son niños/ adolescentes tímidos, y con pocas destrezas desarrolladas para la socialización. Ante un acoso constante podemos esperar en ellos tristeza, aprehensión o miedo, ansiedad y desesperanza, lo cual, como indicamos arriba, podría llevarlos a quitarse la vida. Su rendimiento escolar se ve afectado. Cuando el acoso es físico y severo, se encuentran golpes y moretones en las víctimas. Es común ver en las víctimas, niños/adolescentes, desarrollar una conducta agresiva hacia sus padres o maestros. Igualmente, encontramos en ellos, evasivas y alegatos más frecuentes para no asistir a la escuela, e incluso para no participar de actividades relacionadas a la escuela. Poco a poco, por miedo a su acosador/es, se aísla cada vez más de la escuela.

Por lo regular, las víctimas son niños/adolescentes tímidos, y con pocas destrezas desarrolladas para la socialización. Las consecuencias emocionales y conductuales para las víctimas del acosador pueden ser múltiples y severas. Las víctimas en depresión pueden incluso considerar el suicidio como solución.

Al mirar a la familia del "bully", probablemente vamos a encontrar un perfil de una familia rota, con un padre ausente, quizás divorciados, donde el niño ha vivido poco afecto real y espontáneo, violencia, abuso o humillación por alguno de los padres, por ambos, o por hermanos mayores. También, podríamos tener un segundo escenario en donde el niño, claro, según los parámetros egoístas de sus padres o adultos a cargo, es presionado constantemente para ser exitoso en todas sus actividades. De no ser así, un tercer escenario sería el de un niño sumamente mimado.

Conocemos que todas estas situaciones familiares, podrían traer como consecuencia el desarrollo de un comportamiento agresivo en los niños, y una conducta violenta cuando adolescentes. Como acosadores, pueden convertirse en su momento en delincuentes, por la frustración de no poder relacionarse satisfactoriamente con los demás niños. Llegan a creer que sus esfuerzos para crear relaciones positivas no valen la pena.

Cuando miramos a la familia del agresor, podemos concluir que sus conductas agresivas son una respuesta a unos padres muy poco coordinados y consistentes, y mucho menos, congruentes o ejemplares en su conducta.

Así, cuando miramos a la familia del agresor, podemos concluir que sus conductas agresivas son una respuesta a un entorno familiar, donde rige todo menos los parámetros para una disciplina efectiva y emocionalmente saludable. Podemos encontrar unos padres muy poco coordinados y consistentes, y mucho menos, congruentes o ejemplares en su conducta.

CASOS PARA ILUSTRACIÓN

Al llegar aquí, quiero compartir un par de casos a modo de ilustración de lo dicho sobre el "bullying". Como esperado, se exponen los hechos pero no se dan datos que puedan identificar a los protagonistas. Primer caso: niña de apenas seis años, en su primer grado escolar, en escuela privada, de padres pudientes. Esta niña buscaba tener exclusividad de otra niña de igual edad. Le exigía que solo jugara con ella. Que se sentara junto a ella. La amenazaba con no ser más su amiga si hacía amistad y jugaba con otras niñas. La hostigaba en todo momento, siguiéndola con la vista incisivamente en el salón de clases, en el patio.

La niña víctima no tenía en ese momento las destrezas necesarias para lidiar con esto. Su autoestima se vió afectada. Su conducta se transformó en una muy ansiosa. Quedó obsesionada con la agresora, recordándola y mencionándola en todo momento en su hogar. Siempre preocupada por lo que sucedería el próximo día en la escuela. Siempre preocupada por lo que diría la niña agresora cuando se enterara de que fue invitada y asistió a un cumpleaños de otra niña, y ella, la agresora, no fue invitada. Lloraba y se apegaba a su madre cuando llegaba a la escuela. Su semblante cambiaba a positivo cuando la agresora no asistía a la escuela.

Cuando miramos el entorno familiar de la agresora, encontramos a unos padres profesionales exitosos con poder económico, para poder ofrecer a la niña todo lo que deseara, aparentemente, sin miramientos. Era la princesa. Niña mimada. Hija única. Era la menor de dos hijos del matrimonio. Todo aparentaba girar alrededor de ella. Su hermano mayor le llevaba 5 a 6 años, y por supuesto, con otros intereses y comportamiento propio de la edad y género. Encontramos pues, un ambiente donde se exigía la perfección, ser la mejor en todo, se alimentaba la superioridad en todos los sentidos, se promovía la competencia y no se aceptaba el fracaso, ni ser o aparentar ser menos ante los demás.

Como intuimos, este ambiente familiar, creadora de ansiedad y frustración, formó el caldo para la conducta de agresividad de la niña. Podríamos entender que su conducta vendría siendo el resultado de ser humillada frecuentemente por la lucha de poder con su hermano, y la conducta contradictoria de sus padres de exigencias y de mimos extremos a la vez. Para lidiar con la frustración, por no poder convivir saludablemente con los demás niños, acepta la actitud de superioridad, la cual es reforzada por sus padres, y porque la víctima resultó ser una niña con pocas destrezas para poder responder al "bullying". Vemos pues, que la niña agresora, desde su posición de superioridad, intentó el acoso de exclusión social y el acoso psicológico.

¿En que terminó el caso? Los padres de la víctima buscaron ayuda. Los padres de la otra niña jamás aceptaron la posibilidad, aunque fuera remota, de que su niña fuera una "bully". La escuela no supo trabajar su propio protocolo para estas situaciones. La maestra y el cuadro de directores de la escuela, no le dieron importancia al asunto, despachándolo como algo entre niños, dejando que continuara la situación. Para colmo, tomaron lados, no supieron ser objetivos. Los padres de la víctima, ante la negligencia escolar, y asistidos por una profesional de la salud mental, optaron por cambiar a la niña de escuela. Resultado: una niña relajada, feliz, socializando con todos magníficamente, y con excelentes notas.

Repito lo dicho al principio, el "bullying" no discrimina, lo encontramos tanto en las escuelas públicas como en privadas, entre todos sus niveles, y en casi cualquier lugar de la escuela. Lo encontramos entre cualquier clase social, y entre cualquier género, niñas o niños. ¿Quién hubiera esperado ver un caso de "bullying" con una niña de seis años, de padres pudientes y profesionales, en escuela privada, como protagonista?

Otro caso de "bullying": niño de 12 años en escuela pública, sensible, tímido, en séptimo grado, en la corriente regular, con historial de notas saludables. Este niño fue víctima de acoso sexual, acoso de exclusión, acoso verbal y acoso psicológico. El acoso no se dió de uno a uno. El "bullying" se dio en grupo. El grupo estuvo sentado en un pasillo de la escuela durante un periodo de clase libre. Estuvo jugando girando la botellita. Al que le tocara la punta de la botella le asignaban algún castigo. Por supuesto, el juego se fue por la tangente pidiendo conductas fuertes relacionadas al sexo. El grupo lo componían tanto niños como niñas. Al niño víctima del "bullying" le tocó la punta de la botella, recibió el 'castigo' y él se negó. Este fue su error pues desencadenó el acoso sobre él en diferentes formas.

El juego se dio una vez, pero aparentemente fue la gota que colmó la copa. Quizás él venía sufriendo acoso anterior a este momento por ser diferente, pero no lo sabemos. La experiencia del juego, parece, fue lo suficientemente humillante como para tener efectos emocionales serios en el joven.

El niño fue víctima de "bullying" verbal, sexual y de exclusión social a la vez. Escuchó palabras de burla y menosprecio, se quiso intentar en contra de su intimidad, fue provocado, desafiado, rechazado, fue humillado solo por negarse a la oportunidad sexual que se le ofrecía. Por supuesto, ocurrió nada más y nada menos que en público, para ponerlo en evidencia como bobo. ¡Imagínense, un adolescente en pleno desarrollo psicosexual, frente a otros en el mismo barco de inmadurez sexual, diciendo no a una oferta sexual! ¡Qué vergüenza! ¡Qué relajo se formó! Automáticamente quedó excluido del grupo, y para muchos de sus pares, marcado. Hubo mucha carga emocional en este caso.

El niño, ahora con 13 años, abandonó la escuela. Debe estar cursando el octavo grado. No ha querido incorporarse nuevamente a su escuela, ni a otra, a pesar de todo el esfuerzo y ayudas ofrecidas por la escuela. Sufre de ansiedad. Expresa "tengo miedo". Por el "bullying" psicológico sufrido, el niño se siente intimidado, excluido. Además de la ansiedad, sufre de baja autoestima, pérdida de interés en la escuela, depresión, irritabilidad, agresividad contra la madre, y pensamientos suicidas recurrentes. ¿Resolverá su problema con el suicidio? Esperemos que no. Ya lleva más de dos hospitalizaciones.

¿Qué Hacer?

Si comprobaste que tu niño/adolescente es un abusador, acosador o "bully", primero, no lo rechaces. No ignores la situación, atiéndela. Busca ayuda. Si no lo haces, su conducta podría explotarte en la cara, pues es probable que se agrave. No te pongas a la defensiva. No uses la violencia para atajar la violencia y no les eches la culpa a otros.

Si tu hijo es un "bully", no lo rechaces. Dialoga. Busca ayuda. No uses la violencia. Ofrécele alternativas.

Dialoga. Pregúntale el porqué de su conducta. Enséñale a reconocer sus errores, y a excusarse ante sus víctimas. Déjale saber que su conducta como "bully" no es aceptable, y que de continuar tendría cuales consecuencias. Recuerda lo discutido antes sobre la negociación, y sobre todo, que se rechaza la conducta, nunca al niño/adolescente. Igualmente, recuerda la importancia de demostrar honestidad con interés y amor genuino en tu diálogo por encontrar las alternativas a la situación. Revisa el ambiente familiar que le pudieras estar dando. Cuida tu ejemplo. Trabaja el tenerse confianza mutua. Estimula el tener la libertad de expresar en el hogar sus insatisfacciones y frustraciones sin agredir.

Ofrécele alternativas para canalizar su conducta agresiva, por ejemplo, si le gusta algún instrumento musical, llévalo/a a tomar clases; si le gusta algún deporte, inscríbelo/a en algún equipo y torneo; si le gusta el baile, llévalo/a a alguna academia de bailes; si le gusta los grupos y actividades de jóvenes de la Iglesia, inclúyelo/a. Habla y trabaja el asunto con la escuela, mantén comunicación activa con los maestros y oficiales escolares.

Ahora bien, si tu hijo/a es la víctima, investiga con cuidado lo que está ocurriendo. Habla con aquellos en la escuela, niños y maestros. Hazle sentir que te interesa, que puede confiar en ti. Permítele que hable, que se desahogue. Mantén la calma, le da confianza y seguridad al niño. Comprométete a ayudarlo, y sobre todo, hazle saber que él no es el culpable de toda la situación. La familia será siempre su mejor sostén.

Si tu hijo es la víctima, investiga con cuidado lo que está ocurriendo. Mantén la comunicación con la escuela.

Llamarlo a ser agresivo no es lo mismo que enseñarle a defenderse con asertividad. Podría ser contraproducente para el niño/adolescente. Esta invitación de desquite se podría incluso interpretar como maltrato de tu parte como padre. Intenta algo positivo, así como discutir con él alternativas no agresivas de cómo puede responder el "bullying". Practiquen alternativas saludables de cómo proceder ante el acoso físico, y como conducirse asertivamente ante cualquier otro tipo de acoso. Cuidado, asertividad y agresividad no son sinónimos.

Mantén la calma, le da confianza y seguridad al niño. Sobre todo, hazle saber que él no es el culpable de toda la situación. Jamás trates de resolver el asunto invitándolo a la venganza. La familia será siempre su mejor sostén.

Mantén siempre la comunicación con las maestras y la dirección escolar. De el acoso continuar, considera la consulta con un abogado. Y si observas posibles síntomas emocionales, quizás como los discutidos antes, busca la ayuda inmediata de un Psicólogo.

PARA ESTAR PENDIENTES

Aquí quiero brindar un número de características o síntomas de ciertos trastornos de conducta comunes. La explicación ofrecida sobre ellos es básica puesto que, el único propósito es dar a los padres, maestros y a todos con responsabilidad sobre el niño, una plataforma para observar a los niños, y alertarlos sobre la posibilidad, solo la posibilidad, de la existencia de algún problema.

Aclaro que, para constituirse un problema se requiere de otros elementos presentes como son la cantidad de características presentes, la combinación de estos, su intensidad, su frecuencia y hasta desde cuando están presentes, entre otros criterios. También es importante conocer que las características o síntomas relacionados a una condición, también se pueden compartir o encontrar en otras condiciones sin que necesariamente represente que tenga ambas condiciones.

La información brindada es a modo de orientación, y bajo ningún concepto sustituye la debida evaluación clínica de un Psicólogo o de otro profesional de la salud mental. La base de la información la tomo del Manual Diagnóstico y Estadístico de los Trastornos Mentales (DSM-IV-R), y de otras fuentes de dominio público como, gráficas y artículos del periódico El Nuevo Día y sus fuentes. También tomo recomendaciones e información de los afiches y circulares a médicos y proveedores de los Departamentos de Salud y de la Familia de Puerto Rico, así como de artículos de la web.

EL NIÑO CON DEPRESIÓN

Las características de la depresión varían en relación con la edad, y el nivel de desarrollo del niño.

Por ejemplo, quejas sobre molestias físicas, agitación, ansiedad y temores, se ven más a menudo en niños más jóvenes. Los adolescentes, por otro lado, son más propensos a exhibir una conducta antisocial e inclinada al debate y a la argumentación, y a demostrar inquietud e irritabilidad.

La severidad de la depresión es usualmente clasificada como leve, moderada o grave. Cuando la misma es grave, interfiere significativamente con las actividades de la vida diaria (por ejemplo, en la escuela, la vida social, las relaciones familiares, etcétera). La depresión grave puede, algunas veces, llevar a intentos suicidas. Los intentos suicidas no son comunes en los niños pequeños, pero son posibles más adelante en la niñez y más comunes en los adolescentes severamente deprimidos.

Los síntomas abajo son característicos de una depresión, sin embargo, algunos de ellos los encontramos también en otras condiciones. Un profesional de la salud mental podrá distinguir la presencia de una verdadera depresión entre cualquier otra condición. Y si te preocupa que tu niño o adolescente pueda intentar suicidarse, trata de observarlo de cerca, y busca ayuda profesional inmediatamente.

__Estado de ánimo irritable o depresivo

__Quejas físicas sin explicación

__Pérdida de interés o placer en lo usual

__Agitación, inquietud, corajes

__Subida o bajada de peso (sin estar a dieta)

__Autoestima baja

__Aislamiento social

__Cambio súbito de apetito

__Problemas de conducta/disciplina

__Cansancio, fatiga

__Trastornos en el sueño (falta o exceso)

__Llanto espontáneo frecuente

__Sentimientos de que no vale nada

__Sentimientos de desesperación

__Conducta dirigida a lastimarse a sí mismo

__Dificultad al concentrarse, pensar, recordar

__Hablar acerca de, o intentar cometer suicidio

__Crecimiento y peso no son apropiados para la edad/desarrollo

EL NIÑO CON ANSIEDAD

Podemos observar los mismos síntomas de ansiedad, tanto en adultos como en los niños y adolescentes. Ante la ansiedad podemos encontrar, tanto síntomas físicos como del pensamiento. Se pueden observar reacciones físicas como respiración rápida, sudores, temblores, náuseas, vómitos, mareos, diarreas, dolores de cabeza, boca seca, necesidad de ir al baño con frecuencia, dolores de barriga, y fiebre.

Si las preocupaciones y la angustia no disminuyen y en cambio aumentan con el tiempo, provocan efectos cognoscitivos como el pensamiento confuso, deseos de huir, pérdida de memoria, pesadillas o terrores nocturnos, se cometen errores que en otro momento serían impensables, pensamientos negativos del tipo "no puedo". La ansiedad afecta a otras áreas de su vida, si debido al miedo o la ansiedad, no es capaz de hacer las mismas cosas que antes o llevar una vida normal.

El niño, por ejemplo, puede tener un problema de ansiedad cuando:

+ Se observa que se resiste a iniciar cualquier actividad nueva, se observa un fuerte rechazo al cambio y una indisposición a realizar tareas conocidas.

+ Tiene miedo a animales: perros, arañas; ciertas situaciones escolares o del hogar, quizás a una persona... un miedo lo bastante fuerte, como para que no haga el mismo tipo de actividad, se aisle o emita el mismo tipo de respuesta que realizan los demás niños.

+ Tiene dificultades para la práctica de un deporte porque se pone innecesariamente nervioso. Puede que lo realice bien en una situación de no competencia, pero no cuando se siente presionado.

+Tiene miedo a hacer nuevos amigos, a a relacionarse con otros, con lo que se convierte en un niño solitario. Lo tildan de tímido cuando todos los niños son por naturaleza sociables y gregarios, y les gusta la compañía de los demás.

+Tiene problemas en la clase. En casa parece realizar bien las tareas pero en clase comete errores, no entiende lo que le explican.

Observa las características que mejor describan a tu hijo en las últimas semanas, meses. Fíjate en lo siguiente, y considera visitar a un profesional de la salud mental:

___si el niño tiene problemas con el sueño

___si está de mal humor

___si llora con frecuencia

___si se le ve triste

___si está más sensible a las críticas

___si tiene dolores más a menudo

__si le disgustan los cambios en su rutina

__le cuesta levantarse por su cuenta

__comete errores que no son propios de él

__lo ves "diferente"

__si su conducta es conflictiva en casa y/o en la escuela

__si las actividades que siempre le han gustado, ahora no le apetecen tanto

__vuelve a tener hábitos de una edad más temprana, hábitos que ya había superado.

EL NIÑO CON IDEAS SUICIDAS

Cuando hablamos de signos de alerta para el suicidio no podemos dejar de señalar sobre el qué hacer de encontrarte frente a tu niño, u a otro, con ideas suicidas. Toma lo siguiente en cuenta:

- ✓ Toma cualquier comentario o indicio muy en serio. Jamás lo tomes como que es para manipularte o llamar la atención.

- ✓ Escucha a la persona, dale tiempo.

- ✓ Muestra empatía.

- ✓ No lo juzgues ni lo sermonees. Si lo haces te expone a perder la comunicación.

- ✓ Busca ayuda profesional prontamente.

- ✓ No lo dejes solo. Acompáñalo durante todo el proceso.

Los siguientes son signos de alerta de aquellos contemplando el suicidio. Los mismos los puedes encontrar tanto en niños como en adultos. Como dicho, tómalos en serio y busca la ayuda de un profesional de la salud mental.

➤ Cambio de comportamiento extremo, a veces súbito, a uno demasiado pasivo o demasiado activo. Ej. demasiado retraído, sumiso, miedoso, inseguro o pasivo, o demasiado exigente, agresivo o violento.

➤ Cambios en patrones de alimentación. Ej. aparente pérdida de apetito o buscar de comer a toda hora.

➤ Cambios en patrones de sueño. Ej. duerme más de lo acostumbrado o menos de lo debido.

➤ Cambios en el estado de ánimo. Ej. tristeza, lloroso, sensible, irritable, mal humor, desobediencia poco usual, palabras soeces, agresividad verbal, euforia.

➤ Perdida de interés en cosas que le interesaban antes. Ej. usa los juegos electrónicos cada vez menos, cuida menos de sus animales.

➤ Obsesión con el tema de la muerte. Ej. hace preguntas no usuales relacionadas al tema.

➤ Elaboración de un testamento. Ej. una nota dando instrucciones o una pidiendo excusas por su comportamiento.

➤ Regala objetos preciados para él sin explicación lógica. Ej. regala su iPod, regala su mascota.

➤ Haber experimentado algún evento humillante recientemente. Ej: haber sido víctima de "bullying", haber sido reprendido en público frente al grupo de amigos.

➤ Pérdida de algo importante. Ej. ya no ser parte de un grupo escolar, ser dejada/o por el novio/a en la escuela, perder una mascota, perder el empleo, la pareja o algún ser querido.

➤ Estado de desesperación en el que impera la falta de esperanza. Ej. "no puedo más", "para que vivir", "quisiera desaparecer".

- ➢ Historial de depresión mayor, reciba o no tratamiento.

- ➢ Historial de otras enfermedades como son la esquizofrenia o bipolaridad.

- ➢ No busca ayuda después del diagnóstico o se rehúsa a recibirla.

- ➢ Uso y abuso de alcohol o drogas.

EL NIÑO DESAFIANTE-OPOSICIONAL

De esto hablamos cuando, se presenta un patrón de comportamiento que consiste en una actitud negativista, provocadora y desafiante frente a las figuras de autoridad, además de un rechazo al cumplimiento de normas y solicitudes hechas por los adultos. Este comportamiento es persistente, se presenta por un periodo mayor a seis meses, y con mayor intensidad que en otros niños y adolescentes de su misma edad.

Esta conducta interfiere casi siempre en sus relaciones interpersonales, su vida familiar y su rendimiento escolar. Como consecuencias secundarias a estas dificultades, los niños/adolescentes suelen tener: baja autoestima, escasa tolerancia a las frustraciones y depresión. El problema se presenta a menudo cuando los padres quieren ejercer el poder según sus propias conveniencias, y además, quieren crear sobreprotección, por lo que el niño/adolescente en un esfuerzo por establecer su propia autonomía y hacer respetar su propia identidad, desarrolla un trastorno desafiante oposicional.

Pudieras tener a un niño/adolescente con un Trastorno Desafiante Oposicional (TDO) en tu hogar si tiene al menos cuatro de las siguientes características por un tiempo mayor de seis meses, o con una intensidad mayor que la que se observa en niños/

adolescentes de la misma edad. El especialista en salud mental te podrá ayudar a determinar si lo observado por ti, junto a otros criterios que aplican, configura un TDO.

___Hace berrinches y pataletas con frecuencia al perder "la tabla".

___Discute con los adultos muy a menudo.

___Reta o se rehúsa a cumplir las solicitudes y reglas impuestas por los adultos o hace todo lo contrario a lo que se le pide.

___Molesta o hace enojar a las otras personas a propósito.

___Le echa la culpa a otros de sus errores y sus malos comportamientos.

___Es muy susceptible y fácilmente se irrita.

___Luce con coraje y resentimientos.

___Es rencoroso y vengativo.

EL NIÑO VIOLENTO

El comportamiento violento en niños y adolescentes es uno complejo y perturbador, por lo cual necesita ser atendido por padres, maestros y otros adultos. Los niños pueden demostrar comportamiento violento aún desde la edad pre-escolar. Hay una combinación de factores que llevan a este comportamiento, los cuales el profesional de la salud mental podrá evaluar.

La gama de comportamiento violento incluye: arrebatos explosivos de ira, agresión física, peleas, amenazas o intentos de herir a otros (inclusive pensamientos homicidas), uso de armas de fuego, crueldad hacia los animales, encender fuegos, destrucción intencional de la propiedad y el vandalismo.

Del niño/adolescente presentar un comportamiento violento este debe de ser cuidadosamente evaluado por el Psicólogo u otro profesional de la salud mental. Los siguientes factores de riesgo se consideran como "señales de alerta" en los niños/adolescentes:

Ira intensa, irritabilidad extrema, frustrarse con facilidad, ataque de furia o pataletas, impulsividad extrema

EL NIÑO MALTRATADO

Negligencia. Significa un tipo de maltrato que consiste en faltar a los deberes o dejar de ejercer las facultades de proveer adecuadamente los alimentos, ropa, albergue, educación o atención de salud a un menor; faltar al deber de supervisión; no visitar al menor o no haber mantenido contacto o comunicación frecuente con el menor.

Lo podemos sospechar cuando observamos los siguientes indicadores generales:

1. Pobre higiene, incluyendo higiene oral.
2. Lesiones o caídas frecuentes, heridas penetrantes o envenenamiento (en un menor de 3 años o menos) por pobre supervisión.
3. Retraso en el desarrollo físico o emocional o del habla según su edad.
4. Malnutrición sin causa orgánica.
5. Retraso en acudir a recibir atención médica; no recibir tratamiento médico indicado, incluyendo vacunas.
6. Pseudo-madurez e inversión de roles (asumir roles de adultos) o regresión (falta de madurez, actuar como un infante).
7. Ausentismo escolar.

Abuso sexual - Esto es ejecutar conducta sexual dirigida a satisfacer la lascivia con un menor sin o con su voluntad. Significa incurrir en conducta sexual en presencia de un menor y/o que se utilice a un menor, voluntaria o involuntariamente, para ejecutar conducta sexual dirigida a satisfacer la lascivia o cualquier acto que, de procesarse por la vía criminal, constituiría delito de violación, sodomía, actos lascivos o impúdicos, incesto, exposiciones deshonestas, y proposiciones obscenas.

Podemos sospechar abuso sexual cuando en examen físico médico se descubre uno o más de los siguientes indicadores:

1. Embarazo (en una menor de 15 años o menos).

2. Semen en orina, vagina o ano (en un menor de 15 años o menos).

3. Infección de gonorrea, clamidia, sífilis o HIV, cuando se ha descartado transmisión vertical (al momento del parto).

4. Himen lacerado o ausente.

5. Hematoma o laceraciones en vagina, pene o escroto.

6. Laceraciones o abrasiones perianal o a la apertura anal.

7. Verrugas genitales o anales por primera vez (en un menor de 3 años o más).

Además de tener los indicadores físicos para sospechar abuso sexual, tenemos indicadores emocionales que pueden observar padres y maestros:

1. El niño tiene cambios abruptos en el comportamiento (agresividad rara o poco común), o en el desempeño académico.

2. Tiene problemas de aprendizaje que no pueden atribuirse a condiciones específicas, físicas o psicológicas.

3. Se mantiene siempre vigilante, como pendiente a que algo malo le ocurra.

4. Se le nota demasiado pasivo, retraído, encerrado en sí mismo, aislado de sus amigos y familia.

5. Muestra un comportamiento seductor.

6. Muestra un interés exagerado o intenta evitar a toda costa todo lo relativo al sexo.

7. Muestra un comportamiento suicida.

8. Evidencia abuso en dibujos, juegos o fantasías.

9. Se le observa con miedo a la intimidad e incapacidad para poner límites y autoafirmarse.

Abuso Emocional - Tenemos abuso emocional en un menor cuando se hacen o se dicen cosas que afectan su autoestima y su salud emocional. Significa el menoscabo de la capacidad intelectual o emocional del menor dentro de lo considerado normal para su edad y en su medio cultural. Además, se considerará que existe daño emocional cuando hay evidencia de que el/la menor manifiesta en forma recurrente o exhibe conductas tales como:

1. Baja autoestima, depresión o ideas suicidas.

2. Retraso en el desarrollo físico o emocional o del habla según su edad.

3. Comportamientos extremos: demasiado retraído, sumiso, miedoso, inseguro o pasivo;

4. O demasiado exigente, agresivo o violento.

5. Enuresis secundaria (orinarse en la cama o encima) después de haber aprendido a ir al baño.

6. Conductas de alto riesgo como: delincuencia o uso de drogas o alcohol (en adolescentes).

7. Comportamiento no realista para su etapa de desarrollo.

Abuso Físico - El abuso físico se configura al usar fuerza física en contra de un menor causando o pudiendo causar daño físico. Significa cualquier trauma, lesión o condición no accidental, incluso aquella falta de alimentos que, de no ser atendida, podría resultar en la muerte, desfiguramiento, enfermedad o incapacidad temporera o permanente de cualquier parte o función del cuerpo, incluyendo la falta de alimentos. Asimismo, el trauma, lesión o condición pueden ser producto de un solo episodio o varios.

Podemos sospechar la existencia de abuso físico al observar los siguientes indicadores:

1. Lesiones (ej. hematomas, abrasiones, hinchazones, mordidas, quemaduras o fracturas) con las siguientes características:

   a. frecuentes o que estén en diferentes estados de sanación.

   b. en varias áreas del cuerpo o en áreas no usuales (ej. cara, oído, cuello, cabeza, torso, nalgas, manos o área genital).

   c. tienen forma de un objeto definido (de correa, cable o mano).

   d. sin explicación o con explicación no consistente con la severidad, patrón o desarrollo motor del menor.

   e. presente en un menor de 0-6 meses.

    f. con retraso en acudir a recibir atención médica.

2. Quemaduras de inmersión o de cigarrillos.

3. Fracturas múltiples, de costillas, o vertebras.

4. Hemorragias subdurales o cráneo deprimido (síndrome del bebé sacudido).

5. Trauma al abdomen o distensión abdominal (en un menor de 3 años o menos).

6. Heridas penetrantes por armas blancas o de fuego.

7. Maltrato médico (cuando un menor recibe atención médica innecesaria y potencialmente dañina instigada por los padres.

    Lo brindado en este capítulo son meras características de ciertas conductas. Como indicado anteriormente, se ofrecen solo para alertar al adulto responsable del niño sobre la posibilidad, solo la posibilidad, de la existencia de algún problema. En los casos bajo maltrato todos tenemos la obligación moral y legal de advertir a las autoridades. Aquel que observa, debe compartir sus inquietudes con el padre/madre, la maestra, el/la Trabajador/a Social y Orientador/a Escolar, o con las autoridades sociales de ser el caso pertinente. Pero no se puede olvidar, que bajo ningún concepto, la inquietud del observador sustituye la debida evaluación clínica de un Psicólogo o de otro profesional de la salud.

". . . como demuestra la experiencia, la civilización y la cohesión de los pueblos dependen sobre todo de la calidad humana de sus familias."
Juan Pablo II,
Exhortación Apostólica
"Christifideles laici",
30-XII-1988, no.40

QUE LA PAZ Y EL BIEN REINEN

Completamos la tarea. Ahora falta llevarlo a la práctica. Como explicado en nuestro comentario inicial, la mera lectura y comprensión de nuestros capítulos, no te hará experto/a en nada. Pero sí, te hará conciente de la responsabilidad que tienes en las manos. Esto es, que la disciplina efectiva y emocionalmente saludable de un niño, tu niño, no se puede tomar a la ligera.

En el proceso de disciplinar a un niño se pone en juego la propia salud emocional y conductual del niño. También, de la calidad de esa disciplina, se beneficia o no la sociedad entera. Y para que no creas que estás solo/sola en la obligación de corregir todo lo necesario del proceso de disciplinar a tu hijo, el libro se lo advierte también a tu pareja, que según sea tu caso, es el padre o la madre del niño. Igualmente, lo escrito le va dirigido a los abuelos, tías, madrinas, maestras, en fin, a toda persona que tenga alguna responsabilidad sobre tu niño.

Se les da como objetivo general asegurar entre todos el darle al niño una sola disciplina, un solo mensaje. Se les inculca esto para conseguir criar un ciudadano estable y responsable. Con valores positivos y cristianos, física y emocionalmente saludable, productivo y respetuoso de la ley y orden, buen hijo, buen esposo y padre, buena esposa y madre. Y para conseguirlo, es que se les recomienda las pautas para una disciplina efectiva y emocionalmente saludable: la coordinación, la congruencia, la consistencia y las consecuencias. Son cuatro recomendaciones amplias que se complementan una a la otra. Se recomienda que se trabaje en cumplir con todas.

Partimos de la propuesta de que los padres, el matrimonio, es lo primero, no tus niños. Explicamos que si los padres, el matrimonio, están bien, los niños estarán bien. Establecimos el antecedente de que los valores y el comportamiento del matrimonio marcarán el futuro de tus niños. Y como valor base o de inicio para practicar en casa y entre los tuyos, se te enseñó el valor de la *cortesía*. Este es un valor muy cercano a la caridad evangélica. Se te invita a hacer el ejercicio sugerido de identificar más momentos en donde debes practicar la cortesía en casa y fuera de ella. No es solamente decir palabras corteses como, 'por favor' o 'gracias'. Es una cuestión de actuar, con conciencia de lo que hay que hacer y la voluntad de hacerlo. Recuerda, el ejemplo arrastra.

Capítulos adicionales ilustran sobre la dinámica familiar del maltrato y negligencia, y el "bullying". Se te da el conocimiento como advertencia para que prevengas en tu hogar y participes del esfuerzo por cortar con el ciclo de la violencia, y los problemas de salud mental. Buscando la prevención del maltrato y la negligencia, discutimos sobre sus raíces, las características de los responsables, y puntualizamos sus efectos físicos y emocionales en tus niños. Quedó claro, que los efectos terribles, mayormente emocionales, de esta violencia familiar en tus niños, son muchas veces permanentes. Son igualmente la razón de un futuro de delincuencia para tu niño/adolescente, de problemas de salud mental en su vida, y de que se perpetúe la violencia en todos los contornos de la sociedad. Y enfatizamos que el tener conocimiento de la existencia de un acto de negligencia o de maltrato, obliga al observador a actuar y notificar a las autoridades.

El "bullying" o acoso escolar es un claro resultado de los valores y mensajes erróneos de parte de los padres. Esto último es algo que se te pide que observes y prevengas. Se te expuso como herramienta la razón para el "bullying", donde y como se puede dar, las características del "bully" o del acosador, y que hacer de tener un niño/adolescente acosador en casa. Se te trajo como reseña diferentes tipos de "bullying" en la escuela. Además, vimos el efecto emocional devastador sobre la víctima y que hacer de tener en casa un niño/adolescente víctima del "bullying". Quedó claro que el dolor emocional causado por el "bullying" a cualquier niño/adolescente, incluyendo al tuyo si es la víctima, puede hasta llevarlo a desear la muerte, e intentarlo.

La información brindada te da las herramientas necesarias para lograr la disciplina exitosa. Lo ofrecido en estas páginas no es un trabajo perfecto. Se dijo que lo expuesto en el libro no es con la intención de darte un manual para todas las situaciones de disciplina del niño. Eso sería un imposible. Pero, puedes contar que con lo compartido, podrás lograr todos los objetivos.

Todo lo ofrecido es buscando hacerte un/a mejor padre/madre. Y a tu niño/adolescente, una mejor persona. Pero recuerda, la coordinación entre todos aquellos con autoridad para participar de la disciplina del niño, es esencial. Esto es clave para conseguir una sola disciplina, un solo mensaje. Si lo logran, la disciplina será una efectiva y emocionalmente saludable.

La bola queda en tu cancha, lo que hagas con lo aprendido dependerá de ti como madre/padre. Más bien, de ambos, como matrimonio. Como padres reciban la información, reflexionen, y por lo menos, intenten de corazón el cambio que les corresponda. Recuerda, no te quejes... cuando...

Vuelve a leerlo y compártelo con todos los responsables del niño. No dudes. No te rindas. Practica la siguiente invitación de San Pío de Pietrelcina, *"Ora, ten fe y no te preocupes"*. Te aseguro que *'la paz y el bien'* reinaran en tu casa, y como consecuencia, en nuestra comunidad.

"...el bien de los hijos no está determinado por los ingresos de dinero, sino, en definitiva, por la imagen que los esposos tienen del matrimonio y de la familia."

J. Hoffner,
Manual de Doctrina Social Cristiana
Rialp, Madrid 1974, pp. 140-141.

FUENTES DE INFORMACIÓN

American Psychiatric Association: Diagnostic and Statistical Manual of Mental Disorders, Fourth Edition. Washington, DC, American Psychiatric Association, 1994.

American Academy of Child & Adolescent Psychiatry (2010). *Comprendiendo el comportamiento violento de niños y adolescentes*. Recuperado el 4 de abril de 2012 de http://www.aacap.org/page.ww?section=Información+para+la Familia&name=Comprendiendo

Child Welfare Information Gateway (2012). *Recognizing Child Abuse and Neglect Symptoms*. Recuperado el 3 de junio de 2012 de http://www.childwelfare.gov/pubs/factsheets/sp signs.cfm

Club Planeta (2012). *El Bullying*. Recuperado el 1 de septiembre de 2012 de http://www.peques.com.mx/el bullying y sus tipos.htm

Departamento de Salud & Departamento de la Familia de Puerto Rico (2011- 2012). Comunicados, protocolos y afiches facilitados a proveedores de la salud en diferentes fechas.

El Nuevo Día (2010-2012). Artículos, entrevistas, y gráficas coleccionadas del periódico en diferentes fechas.

Guía Infantil (2012). *Depresión infantil. Como cuidar de niños con depresión*. Recuperado el 3 de junio 2012 de http://www.guiainfantil.com/cuidadosespeciales/depresióninfantil.htm.

Ley Núm. 37 del 10 de abril de 2008, "Ley del Consejo General de Educación de Puerto Rico de 1999", según enmendada.

Ley Núm. 49 del 29 de abril de 2008, "Ley Orgánica del Departamento de Educación de Puerto Rico", según enmendada.

Ley Núm. 54 del 15 de agosto de 1989, "Ley de prevención e intervención con la violencia doméstica", según enmendada.

Ley Núm. 177 del 1 de agosto de 2003, "Ley para el bienestar y la protección integral de la niñez", según enmendada.

National Institute of Health (2012). *Trastorno de hiperactividad con déficit de atención.* Recuperado el 3 de junio de 2012 de http://www.nlm.nih.gov/medlineplus/spanish/ency/article/001551.htm

Saklofske, D.H., Janzen, H.L., Hildebrand, D.K. & Kaufmann, L. (2001). *Depression in Children.* In A. Canter & S. Carroll (Eds.), *Helping Children at Home and School: Handouts From Your School Psychologist.* (Bethesda, Md.: National Association of School Psychologists, 1998), pp.237-240.

Tercius Ordo Saecularis (2004). *Regla, Constituciones y Ritual de la Orden Franciscana Seglar.* Javegraf: Bogotá, D.C.

Tracy, N. (1912). *Depression Test for Teenagers.* Recuperado el 9 de julio 2012 de http://www.healthyplace.com/depression/depression-information/ depression-test-forteenagers/

Tracy, N. (1912). *Teenage Depression-Signs, Symptoms, Antidepressants.* Recuperado el 9 de Julio de 2012 de http://www.healthyplace.com/depression/children/teenage-depression

Sobre El Autor

JOSÉ RAFAEL HERNÁNDEZ SANTIAGO, OFS, PH.D

El Dr. José Rafael Hernández Santiago cuenta con más de treinta años de práctica profesional. Durante este periodo, le ha prestado mucho tiempo al trabajo con niños y adolescentes. Luego de varios años laborando como Trabajador Social y Terapista en Meyers Psychiatric Hospital en la Ciudad de Nueva York, se integró al Centro de Salud Mental de la ciudad de Caguas como Director de la Clínica de Adultos y más tarde al Centro Pediátrico, ambos en el entonces Hospital Regional.

Tiempo después se unió al programa pre-escolar Head Start del mismo municipio. Ejerció sus destrezas administrativas y clínicas, a favor de niños maltratados, como Coordinador de Servicios Psicológicos de propuesta privada bajo la supervisión del Departamento de la Familia de Puerto Rico. Luego formó parte, en calidad de Director Clínico, de una institución privada para adolescentes con problemas severos de salud mental bajo la Administración de Instituciones Juveniles de Puerto Rico. También se desempeñó como Administrador de Clínicas de Salud Mental para la compañía vinculada a la Reforma de Salud de Puerto Rico.

El Dr. Hernández Santiago mantiene su práctica privada en los pueblos de Caguas y Naguabo, donde ofrece servicios a adultos, niños y adolescentes. También se mantiene activo brindando charlas y consultoría para profesionales de la educación, y ofrece servicios de evaluación y terapia a niños partícipes del Programa de Educación Especial en el municipio de Cidra.

El Dr. Hernández Santiago es miembro de la Orden Franciscana Seglar. Obtuvo su grado de Maestría en Psicología Clínica en 1981, en el Centro Caribeño de Estudios Postgraduados. Completó su grado Doctoral en Psicología en el 2007, en la Universidad Carlos Albizu, en San Juan —antes Centro Caribeño— donde luego impartió clases como Profesor Adjunto. También es Mediador de Conflictos certificado por el Negociado de Métodos Alternos para la Solución de Conflictos adscrito a la Rama Judicial de Puerto Rico.